目

次

第一章　《金陵圖》的由來……………………………… 1

第一節　《金陵圖》流傳概況 ………………………… 1

第二節　《金陵圖》的方向 …………………………… 7

第三節　河流和橋樑 …………………………………… 12

第四節　錦繡坊和打釘巷 ……………………………… 20

第五節　畫家居住的永寧驛 …………………………… 25

第六節　《金陵圖》作者的推測 ……………………… 27

第二章　金陵城西風貌………………………………… 31

第一節　西門內的瓦子 ………………………………… 31

第二節　駝隊 …………………………………………… 36

第三節　北方來的商人 ………………………………… 39

第四節　柵寨門的水路 ………………………………… 43

第五節　長江上的三種船 ……………………………… 45

第六節　河西的圩田 …………………………………… 51

第三章　金陵城中市井………………………………… 63

第一節　市井百態 ……………………………………… 63

第二節　酒坊 …………………………………………… 71

第三節　木匠店和各種木車 …………………………… 72

第四節　馬、牛、驢、狗 ……………………………… 80

第四章　金陵城東景象 ……………………………… 87
　　第一節　書商和文人 ……………………………… 87
　　第二節　白下門、白下橋和白下亭 ……………… 89
　　第三節　東郊鍾山 ………………………………… 90
第五章　《清明上河圖》地理 ………………………… 97
　　第一節　前人誤讀《清明上河圖》地理 ………… 97
　　第二節　望春門外小河是重要證據 …………… 105
　　第三節　望春門內的店鋪符合 ………………… 108
　　第四節　清明節和東門望春 …………………… 112
　　第五節　張擇端畫《清明上河圖》的用意 …… 120
第六章　《清明上河圖》內容研究 ………………… 129
　　第一節　前人對木拱橋的誤解 ………………… 129
　　第二節　前人對城內荒地的誤解 ……………… 130
　　第三節　解字招牌的民居 ……………………… 131
　　第四節　比較《金陵圖》與《清明上河圖》… 135
第七章　宋代南京史研究 …………………………… 143
　　第一節　宋代新型城市 ………………………… 143
　　第二節　南宋陪都建康府 ……………………… 145
　　第三節　宋金黃天蕩之戰考 …………………… 153
　　第四節　南宋建康府的經濟地位 ……………… 164
　　第五節　南宋建康人的海外歷險記 …………… 166
　　第六節　比較《金陵圖》與《南都繁會圖》… 173
後　記 ………………………………………………… 183

第一章 《金陵圖》的由來

第一節 《金陵圖》流傳概況

世人皆知北宋末年著名畫家張擇端的千古名畫《清明上河圖》，但是現在仍然很少有人知道宋代還有一幅與之類似的城市畫《金陵圖》。這幅畫描繪的是宋代的金陵城，也即現代的江蘇省會南京市。南京是中國最重要的城市之一，不僅是古代所謂的六朝古都，也是中國南方最重要的古都，還是現代長江三角洲的特大中心城市。

現在南京仍然有全世界最長的城牆，也是明清時期最為高大堅固的城牆。南京是一座古城，也是一個富有活力的現代都市。南京西北有寬闊的長江，東南有連綿的山丘，城牆和河湖高下交錯，森林和民居融為一體。

在現代南京大學鼓樓校園，有東晉的帝陵，有源自古代常平倉的平倉巷，有近代的何應欽故居。東南大學所在的成賢街源自明代的國子監，近代成為兩江師範學堂和中央大學。南京師範大學原址是袁枚的隨園，隨園的名字源自江寧織造隋赫德，再往前是江寧織造曹寅的家族花園，也就是《紅樓夢》的大觀園原型。在南京圖書館的地下一層，有六朝都城建康城牆和道路遺跡展示區。紫金山上，吳大帝孫權的陵墓和朱元璋的明孝陵、孫中山的中山陵毗鄰。中國很少有一個城市像南京這樣，能有如此清晰的千年文脈延續至今。

在這座城市的每一個地方，都有歷史典故，都有文物古蹟。現在南京的很多地名有上千年的歷史，也有很多地方早已改天換地。歷代的南京城市有很大變遷，城牆、河道、橋渡、街市、商鋪、官府、學校、寺廟、府邸、園林

等等都有非常大的差異。我們行走在南京，就是行走在歷史之中，我們很想瞭解南京每一個地方的變化。

現存的古代南京城市圖畫，根據本書的研究，以這幅宋代《金陵圖》最早。所以這幅宋代的《金陵圖》不僅對我們研究宋代的藝術、歷史和文化非常有價值，對於我們研究南京的城市史和古代地理也很有價值。

以前的很多歷史地圖學著作，雖然關注到了宋代的很多古地圖，但是都忽視了這幅極其重要的圖畫。而大量藝術史的著作，也都不提這幅圖，這些都讓人非常遺憾。英國學者邁克爾·蘇立文（Michael Sullivan）在他的著作中斷言，說張擇端的《清明上河圖》是宋代士大夫階層繪製這類現實主義畫作的最後一個例子，自此之後，文人不再對這類繪畫感興趣。〔註1〕大概因為他沒有注意到南宋的這幅《金陵圖》，就是張擇端《清明上河圖》寫實主義的延續。

南京在六朝、南唐、明朝和民國時期，自然比較輝煌，而在唐宋時期則略顯暗淡。唐宋時期的南京留下了的記載比較少，地位也不高。我們現在看到的很多南京史著作，在唐宋這一部分僅用寥寥幾筆帶過。南京博物院的宋元部分，除了宋代平江府（今蘇州）的複製地圖和揚州城門的模型，就是一些瓷器，而這些瓷器基本上都不是江蘇生產，這一時代的南京似乎乏善可陳。

其實南京在唐代也是長江上的一個重要的水運樞紐，我已經有所考述。〔註2〕宋代往來於南京的名人很多，王安石少年在金陵讀書，又三次回到金陵做官，病逝在金陵。王安石在江寧寫有《泊船瓜洲》、《桂枝香·金陵懷古》、《遊鍾山》等名作，蘇軾在元豐七年（1084年）到江寧府會晤王安石，兩人同遊，蘇軾寫有《同王勝之遊蔣山》、《漁家傲》、《次荊公韻四絕》等。秦觀在江寧寫有《還自湯泉十四韻》，張耒在江寧寫有《懷金陵》。林逋有《臺城寺水亭》，張昇有《離亭燕》，潘閬有《金陵禁令有感》，楊億有《南朝》，楊備有《幕府山》，錢惟演有《南朝》，梅堯臣有《金陵三首》，王琪有《金陵賞心亭》，王珪有《賞心亭》，張舜民有《江神子·癸亥陳和叔會於賞心亭》，郭祥正有《鳳凰臺次李太白韻》，賀鑄有《臺城遊》等作品。

〔註1〕〔英〕邁克爾·蘇立文著、徐堅譯：《中國藝術史》，上海人民出版社，2014年，第197頁。

〔註2〕賀雲翱、周行道（周運中）：《文化南京：歷史與趨勢》，江蘇人民出版社，2020年。周運中：《唐代揚州、江寧與上江的水路貿易》，《唐代航海史研究》，花木蘭文化事業有限公司，2020年，第119～128頁。

南京在南宋時期還是正式的陪都，恢復了六朝時期都城的名字建康。此時的南京是江防重地，金兀朮就是從南京渡江，追擊宋高宗趙構到明州（今寧波），逼迫趙構乘船到溫州。岳飛抗金的故壘現在還在南京城南的牛首山，韓世忠和金人在南京東北的黃天蕩大戰。李清照的丈夫趙明誠任建康知府，寫有《浪淘沙·簾外五更風》、《臨江仙·庭院深深深幾許》等作品。葉夢得任建康知府時，有《建康集》。陸游有《登賞心亭》、《夜泊龍灣回望建康》，編有《南唐書》十八卷。辛棄疾有《念奴嬌·我來懷古》、《水龍吟·登建康賞心亭》、《菩薩蠻·金陵賞心亭為葉丞相賦》、《太常引·建康中秋為呂叔潛賦》、《定風波·席上送范廓之遊建康》等佳作。朱敦儒有《相見歡·金陵城上西樓》，周邦彥有《西河·金陵懷古》，范成大有《望金陵行闕》，楊萬里有《登鳳凰臺》，曾極有《金陵百詠》，蘇炯有《金陵雜興》。張敦頤《六朝事蹟編類》，李燾有《六朝通鑒博議》等有關南京的史學著作。

這幅《金陵圖》在南宋時期的出現，就源自陪都的重要地位。南宋時代的南京也是一個海港，很多南京人跟隨華南的海船到海外。

所以南宋時期的南京絕不是乏善可陳，而是一個非常重要的城市。我們研究這幅《金陵圖》，能夠使我們深入認識南宋時期的南京。

這幅宋代《金陵圖》不僅畫出了金陵城內繁華的街道和商店，還有五百多個人物形象，有不同的職業和年齡，服裝、神態各異。根據研究可以發現，這些人來自不同的地方。這幅圖還畫出了金陵城西郊和東郊的風景，有山水，有農田，有建築，有人物。所以這幅圖不僅是城市圖，也是山水圖。

這幅宋代《金陵圖》的原作在清朝乾隆年間還藏在宮廷，乾隆皇帝弘曆下令讓謝遂、楊大章、馮寧等人臨摹這幅宋代的《金陵圖》。可惜現在清宮收藏的宋代原圖已經找不到了，可能在清末或民國初年被毀壞或流失在民間。但是謝遂、楊大章臨摹的兩幅圖，仍然保留在臺北故宮博物院。

馮寧摹本的《金陵圖》在 1922 年被溥儀賞賜給溥傑，流傳到宮外，寄存在天津的英租界。1931 年，溥儀被日本人挾持到長春，建立了所謂的「偽滿洲國」，馮寧的這幅圖可能被轉運到長春的行宮。1945 年，日本戰敗投降，「偽滿洲國」隨之消亡，大量文物被溥儀丟棄在「小白樓」，被毀壞或被變賣，成為當時古玩界俗稱的「東北貨」。馮寧的這幅畫很有可能是被搶去販賣，後被張氏邊業銀行的總裁彭賢所得，一直被其家族遞藏。2015 年 10 月，馮寧的摹本以 5192 萬港元在保利香港拍賣有限公司的拍賣會成交，創下五年以來古代

書畫在香港及海外拍賣的最高紀錄，成為轟動性的新聞。馮寧的摹本《金陵圖》目前收藏在南京的德基美術館，成為其鎮館之寶。

因為這三幅圖以前都是藏在深閨人未識，所以研究的人很少。臺北故宮博物院的研究員侯怡利 2010 年在臺北的《故宮文物月刊》發表一篇文章，其後僅有王宏、周安慶 2012 年在《江蘇地方志》發表一篇文章。〔註3〕後一篇文章是看到前一篇文章才寫出，在分析上比前一篇文章稍為豐富，但是仍然沒有太深入的分析。如此重要的一幅《金陵圖》，前人的研究太少，我認為非常遺憾，所以我專門寫出這本書來研究。

侯怡利的文章指出，謝遂在乾隆五十二年（1787 年）和楊大章在乾隆五十六年（1791 年）的兩幅摹本《仿宋院本金陵圖》，內容非常類似，可以認定為出自同一幅祖本，也就是宋代院本的《金陵圖》，因此這兩幅圖的內容都比較可信。現在我們再比較這兩幅摹本和馮寧在乾隆五十九年（1794 年）的摹本，發現也很類似。

所以宋代的院本《金陵圖》雖然已經散佚，但是我們可以從這三幅清代人的摹本中，看到宋代《金陵圖》的大概。我們完全可以根據清代的這三幅摹本，來研究宋代的《金陵圖》。

乾隆十年（1745 年），宮廷書畫目錄書《石渠寶笈》編成。乾隆五十八年（1793 年），因為宮內的書畫又有很多增加，所以弘曆又命令王杰等人修成《石渠寶笈》的《續編》，《續編》的第二十九《重華宮藏六》著錄宋代院本《金陵圖》的信息是：「縱八寸，橫三丈五寸。設色畫山川城市、樓閣村居、旅販執作人物數百。輪輿馬牛，擔負相雜。無名款。」

又記載弘曆在宋代院本的《金陵圖》引首為乾隆皇帝御題七言詩：

> 王氣埋金秀且雄，六朝文物擅江東。試看負販與傭輦，都有謝
> 顏徐庾風。

> 筆妙得神已去形，高樓斜矗酒旗青。桂枝香詠臨川好，遺曲猶
> 聞唱後庭。

> 佳麗東南信莫儔，勝朝猶自建都留。趙家歌館寧相讓，別有輕
> 煙翠柳樓。

〔註3〕侯怡利：《江雨霏霏江草齊、六朝如夢鳥空啼：清楊大章〈仿宋院本金陵圖〉》，《故宮文物月刊》2010 年第 1 期。王宏、周安慶：《宋代金陵社會生活的文化縮影：清代〈仿宋院本金陵圖〉研析》，《江蘇地方志》2012 年第 3 期。

瓊窗綺榭簇勾欄，密意酣情各締歡。官妓遺風自唐宋，政成何體污衣冠。

幾經富庶幾經亂，富庶歡娛離亂愁。只有秦淮一片月，溶溶無意照千秋。

畫品穠纖出內家，九衢萬戶鬥豪奢。秣陵五國天淵隔，一例東京錄夢華。

這組詩的寫作時間是乙酉年（乾隆三十年）春閏月，[註4]這是他第四次南巡江南之時，收錄在《乾隆御製南巡江寧詩》中的《題宋院本金陵圖》六首之中。清朝皇帝非常關注明朝的故都南京，康熙帝玄燁和他的孫子弘曆各有六次南巡，玄燁四次住在江寧織造署，留下了今天的大行宮地名。江寧織造官作為皇帝的心腹，是皇帝安插在江南的重要耳目。玄燁、弘曆都多次參訪朱元璋的明孝陵，玄燁還題寫了「治隆唐宋」碑刻，盛讚明朝。此時清朝的統治已經穩固，適度讚揚明朝反而容易在江南的士紳面前顯出包容的姿態，更方便籠絡人心。

弘曆的漢化程度超過他的祖父玄燁，更熱愛江南文化。弘曆盛讚六朝的文化和南京人的風雅，令人想到久居南京的吳敬梓在他的名著《儒林外史》第二十九回寫到，杜慎卿等人在雨花台山頂的落日中，看到兩個挑糞桶的人，這一個拍那一個的肩頭說：「兄弟，今日的貨已經賣完了，我和你到永寧泉吃一壺水，回來再到雨花臺看看落照！」杜慎卿笑道：「真乃菜傭酒保都有六朝煙水氣，一點也不差。」

弘曆又批評唐宋到明朝的官妓不成體統，認為清朝的制度最好，這當然是他的自我陶醉。關於清代和唐宋的整體比較，我在《水滸傳》研究著作的末尾已有論述，這裡不再贅述。關於官妓制度，也不是本書的主題，可以暫且略過。其實宋代《金陵圖》畫的多數是民間商店，沒有證據表明畫出了官妓的酒樓。值得注意的是，弘曆提到了宋代的離亂，提到關押宋徽宗、宋欽宗的金朝五國城，似乎他已經得到清代學者考證《金陵圖》出自南宋的結論，不過也有可能只是文學感慨而已。

據《石渠寶笈續編》第三十五《重華宮藏十二》記載，謝遂《仿宋院本金陵圖》一卷：「本幅：宣紙本，縱一尺一寸，橫二丈九尺三寸五分，設色界畫。

〔註4〕〔清〕王杰等：《石渠寶笈續編》第四冊第 302 頁，故宮博物院編《故宮珍本叢刊》，海南出版社，2001 年。

畫山川、人物、城市、村塵、漁舟、農具。款：乾隆五十二年二月臣謝遂恭仿宋院本《金陵圖》。鈐印二：臣遂。鑒藏寶璽：八璽全。」

此條之下又記載，楊大章《仿宋院本金陵圖》一卷：「本幅：宣紙本，縱一尺一寸，橫三丈一尺，設色界畫。畫山川、人物、城市、村塵、漁舟、農具。款：乾隆五十六年五月臣楊大章恭仿宋院本《金陵圖》。鈐印二：大章。鑒藏寶璽：八璽全。」〔註5〕楊大章的畫作比謝遂的長一些，可能是為了顯得更加大氣。

臺北故宮藏謝遂的摹本產生最早，不僅最短，而且漏畫了很多內容，從左側開始，漏畫了圩田、神廟、小船。西面的水門之中，漏畫了正在進城的小船。西門之內，漏畫了瓦子及其南部的人物。冶山之西的小河和小橋，都沒畫出來。東門之內，漏畫了桌旁的五個人、打傘的一個人、挑擔的三個人和路上的兩個人。東門甕城外畫出了馬，漏畫馬身上的人。〔註6〕因為省略的內容太多，所以我們不能把這幅圖作為研究《金陵圖》的底本。或許正是因為謝遂的這幅圖省略太多，所以才讓楊大章、馮寧繼續臨摹。

現存臺北故宮博物院收藏的楊大章《仿宋院本金陵圖》是絹本設色畫，縱34.1釐米，橫1088.3釐米。從右到左的印章有：石渠寶笈、石渠定鑒、寶笈重編、乾隆御覽之寶、重華宮鑒藏寶、嘉慶御覽之寶、宣統御覽之寶、乾隆鑒賞、三希堂精鑒璽、宜子孫。

據嘉慶二十一年（1816年）英和等人編成的《石渠寶笈三編》的《乾清宮藏十一》記載，馮寧《仿楊大章畫宋院本金陵圖》一卷：「本幅：宣紙本，縱一尺七分，橫三丈四尺二寸五分，設色界畫。畫江鄉城郭，人物熙恬。款：乾隆五十九年十一月，臣馮寧奉敕恭仿宋院本《金陵圖》。鈐印二：臣寧。卷內鈐高宗純皇帝寶璽：乾隆御覽之寶。鑒藏寶璽：五璽全。」〔註7〕馮寧的摹本晚出，所以比楊大章的摹本更長。

現存馮寧摹本的《仿宋院本金陵圖》，仍為清宮的原裝裱樣式，但包首上的題簽已經失去，玉別子上面鐫刻有：「乾隆御賞馮寧仿楊大章畫宋院本金陵圖。」畫面的落款是：「乾隆五十九年十一月，臣馮寧奉敕恭仿宋院本金陵圖。」

〔註5〕〔清〕王杰等：《石渠寶笈續編》第五冊第223頁。

〔註6〕王耀庭主編：《故宮書畫圖錄》第25冊，臺北故宮博物院，2002年，第125～130頁。

〔註7〕〔清〕英和等：《石渠寶笈三編》第二冊第173頁，故宮博物院編《故宮珍本叢刊》。

清代胡敬《國朝院畫錄》一書卷下記載：「馮寧，工人物、樓閣。《石渠》著錄三（內合筆一，見後）。《白鷹》一冊（左幅畫白鷹，標題：嘉慶九年十一月吉林將軍秀林進，款：『臣馮寧奉敕恭畫。』右幅皇上御題，後幅臣董誥、朱珪、劉權之、戴衢亨、英和、趙秉沖、黃鉞恭和。前幅葉董誥題『風霜英采』）、《仿楊大章畫宋院本〈金陵圖〉》一卷（以上三編）。」

乾隆五十七年（1792年）正月，內務府造辦處檔案記載：「二十日接得員外郎金江押帖，內開正月初八日太監鄂魯里交楊大章《仿宋院本金陵圖》手卷一卷。傳旨：交啟祥宮馮寧仿畫。欽此。」

馮寧從此時開始臨摹楊大章的《仿宋院本金陵圖》，到畫面上落款的乾隆五十九年十一月，一共費時兩年多。從右到左的印章有：石渠寶笈、石渠三編、乾隆御覽之寶、嘉慶御覽之寶、宣統御覽之寶、同治珍藏、乾隆鑒賞、嘉慶鑒賞、三希堂精鑒璽、宜子孫。所謂的「宣統御覽之寶」應該是在民國建立之後才加蓋，道光和咸豐似乎未曾關注這幅圖。

據聶崇正研究，楊大章在乾隆五十五年（1790年）之後就缺少作畫記錄，可能已經離開宮廷，而馮寧到嘉慶十四年（1809年）仍然在宮中作畫，留有此年的畫作。

第二節 《金陵圖》的方向

宋代的《金陵圖》約有一半以上是在城外，城外的部分，又分為城東和城西兩部分。我們要研究《金陵圖》，首先要確定《金陵圖》的方向。

中國古代的地圖和現代地圖有一個很大的差別，就是沒有現代地圖的上南向北、左西右東的方向。古代的地圖如果沒有標明方向，則方向要通過具體內容來判別。古代地圖有時即使標明了方向，也不是現代科學的精確方向。因為中國在北半球，房屋一般是大門朝南，古人坐北朝南，所以古代很多地圖都是上南下北，這是源自古人生活中的視野。當然，古代也有很多地圖是上北下南，需要結合具體情況判斷，需要先考證圖上的景物再判斷。

雖然《清明上河圖》也是左西右東，但是我們不能據此判斷宋代的《金陵圖》也是左西右東。宋代的《金陵圖》是不是左西右東呢？雖然前人已經提出也是左西右東的方向，但是前人未能列出具體根據。我認為仍然需要結合圖上的具體內容，才能準確判定。

　　判斷宋代《金陵圖》的左側是西側的第一個根據是西側的水面非常寬闊，畫出很多船隻，而且船隻分為多種，有大有小，還有水門，船隻從水門進出城市，這說明宋代《金陵圖》的左側很可能是西側，圖上左側的廣闊水面很可能是長江，圖上的水門是宋代金陵城西的一座水門。

　　判斷宋代《金陵圖》的左側是西側的第二個根據是左側即西側，畫出了低窪的湖泊，還有低窪的水田，這很可能是金陵城西長江沙洲上的低窪水田。城東的地勢較高，不太可能有太多的水田。右側沒有畫出水田，右側的山林比較多，中間還有一些高崗和溪流，所以右側很可能是紫金山麓。

　　我們確定宋代《金陵圖》的方向非常重要，因為古代金陵城內的水道比現代複雜，圖上的城內也畫出了三條河道，左西右東和左東右西可以識別出不同的河道系統。確定了方向才能確定圖上畫出的城內河道，從而判斷圖上的街道、商店。如果方向顛倒，河道、街道、商店都要顛倒。

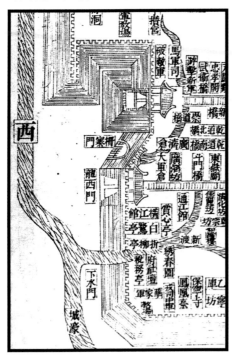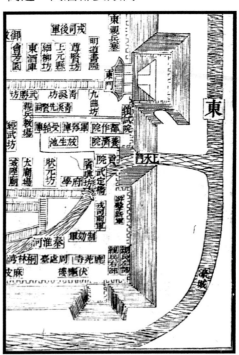

《景定建康志・府城之圖》西南角、東南角

　　既然宋代《金陵圖》的方向是左西右東，則其東部的城門很可能是金陵城的東門，侯怡利的文章僅稱為東門，王宏、周安慶的文章指出宋代的金陵城東門稱為白下門，但是他們認為白下門的位置是在今南京的通濟門一帶，

我認為表述不太確切。南宋建康府的地方志《景定建康志》在多個地方清楚地分辨了東水門（上水門）和東門（白下門），東水門靠近明清的通濟門，宋代的金陵城東門在東水門之北，在現代的大中橋西側位置。明清的通濟門在宋代的金陵城東門的東南，宋代的金陵城東門，明代被堵塞廢棄，所以現代很多人誤解。

宋代《金陵圖》上的東門不僅在外側有半圓形的甕城，而且這個突出的甕城使得其外側的護城河也呈現半圓形。雖然明代廢棄了原來的東門，但是護城河的半圓形一直保留到今天。大中橋的橋面現在雖然已經改建為現代公路，旁邊拓寬路面，增加了兩座橋，但是主橋的橋墩仍然保留了古代的基座，現代是南京市文物保護單位。

薛冰等人誤以為《金陵圖》上右側的城門是金陵城的南門，城門外的橋是長幹橋。〔註8〕我認為這顯然不可能，圖上左側的是西門，相對的右側城門自然是東門，而不可能是南門，否則圖上的道路要在半路轉折90度，畫家不會如此構圖。有些人誤以為右側的城門是南門，主要是因為南門在後世更出名，而且也有甕城，可是宋代的東門原來也有甕城，這不是南門的特色。

金陵城的南門外是突出的雨花臺，現在的道路還是繞行雨花臺的東西兩側，而《金陵圖》上的右側門外看不到突出的高崗。南門外的東部就是著名的長干寺，宋真宗天禧二年（1018年）改名為天禧寺。《景定建康志》卷四六：「皇朝開寶中，曹彬下江南，先登長幹，北望金陵，即此地……寺有阿育王塔，天禧中賜名聖感，有塔記，題詠尤多。」長干寺有高聳的寶塔，很多人登塔，俯瞰金陵城，可是《金陵圖》上也看不到突出的寺廟和寶塔。這些都可以證明，《金陵圖》的右側城門不是南門。

如果畫到南門，不可能不畫出著名的秦淮河和鎮淮橋，可是我們沒有在《金陵圖》上看到秦淮河和鎮淮橋，這也證明圖上的右側城門不是南門。南門附近的秦淮河雖然更繁華，但是金陵城的東西軸線也很繁華。前人沒有想到《金陵圖》的作者是宮廷畫院的畫家，他為宋高宗趙構巡幸建康而畫出這幅《金陵圖》，而不是為了自己的興趣，自己去隨意描繪市井風貌。趙構從杭州來建康，自然是從東門進入，趙構所住的行宮就是南唐的皇宮，就在東西

〔註8〕薛冰：《佳麗東南信莫儔——〈石渠典藏·金陵圖〉漫談》，《文匯報》2022年2月17日。

大道上,所以這幅畫的主線是金陵城的東西大道。

　　宋代《金陵圖》上的西門,在北側有一個可以供船出入的水門,侯怡利的文章指出宋代的金陵城西門是龍光門,但是他誤以為其北側的水門是下水門。其實宋代金陵城的下水門在龍光門的南部,在今天的水西門的位置。宋代《金陵圖》上西門(龍光門)北部的水門是柵寨門,這是另一個水門。秦淮河的水從上水門流入城內,分為兩支,從西側的兩個水門流入長江。

現在大中橋邊彎曲的河岸

　　現在大英圖書館有一幅清代的《江寧省城圖》,左下角署名:秣陵鄧啟賢謹識。除了清代的黑字地名,還用紅字標出很多前朝的古地名,大中橋旁有紅字標出宋代的地名白下橋,其東有紅字的宋代地名白下亭。內橋的東南有紅字標出宋代的地名:宋建康府。四象橋的東南標出宋代地名:青溪祠。其實除了紅字地名,圖上的很多黑字地名也是源自宋代地名,比如細柳巷在宋代的細柳坊,內橋東南的東錦繡坊也是宋代就有。有些人誤以為細柳巷是明代才出現的地名,其實應該追溯到宋代。

清代鄧啟賢《江寧省城圖》的通濟門附近

　　不過這幅《江寧省城圖》上也有錯誤，大中橋西側的驢頭央是驢頭尖的形誤，又是犁頭尖的音誤，因為南京話的 lv 讀成 li，所以犁頭尖被錯寫成了驢頭尖。在 1928 年的《最新首都城市全圖》，寫的就是犁頭尖。因為大中橋西側的城牆是突出的弧形，有三條路交匯，形成尖角，故名犁頭尖。這條道路現在仍然是斜向，已經根據南京的六朝地名建康，改名為建康路。但是大中橋西北部原來也是斜向的道路琥珀巷，現在已經完全不存在，變成了琥珀巷小區的一部分，小區內的道路改為橫平豎直。

　　既然我們確定了宋代《金陵圖》上的東門（白下門）和西門（龍光門），那麼這幅圖上東門、西門之間的那條大街是不是就可以確定位置了呢？

　　其實沒有這麼簡單，因為宋代的金陵城，東門和西門不是正東正西直對，東門、西門之間有很大的轉彎。宋代金陵城東門內的那條路，在清代稱為中正街，在秦淮河北支的北岸。但是西門內的那條路，在秦淮河北支的南岸。《金陵圖》上畫的那條東西向大路，其實必須要過河才能走通。所以我們看到的這幅宋代《金陵圖》上東西兩門之間的那條大街，現實中必須經過一座

橋，被《金陵圖》的作者硬拉成一條線了。

這座被《金陵圖》作者略去的橋是哪一座橋呢？圖上究竟畫出了哪些街道？這些都是值得我們研究的問題。

1928年的《最新首都城市全圖》大中橋附近

第三節　河流和橋樑

河流不僅是大地母親的血脈，也是一個城市的靈魂。河水為城市居民提供飲用水源，還為很多手工業者提供生產用水，為商人提供運輸的航路。人們在城市生活的喧囂之中，難得看到開闊的空間，河道兩岸是城市居民休閒的最重要場地。河堤之上，鳥語花香，家庭在草地上聚會，男女在柳樹下約會。南京的很多名勝古蹟都在河流兩岸，比如桃葉渡、長干里、朱雀航、青溪祠。

今天為世人熟悉的秦淮河，其實是秦淮河在南京城內的南支，這幅宋代《金陵圖》上的秦淮河是北支。現在這條河流從桃葉渡分流，經過四象橋、內橋、鴿子橋、笪橋、鼎新橋、倉巷橋、文津橋、張公橋，注入外秦淮河。〔註9〕秦淮河的北支更靠近宋代金陵城的東西中軸線，繁華的街市就在這條線上。

〔註9〕現在也有人把楊吳金陵護城河的北段稱為秦淮河的北支，我認為不妥，因為楊吳護城河是人工開鑿，不宜稱為秦淮河的北支。如果把其北段稱為秦淮河的北支，則其南段應該稱為秦淮河的南支，再加上秦淮河中間的兩段，則秦淮河就有四支，更加混亂。外秦淮河應該特指秦淮河在城西北到長江的一段，這一段原來是長江。

因為我們確定了宋代《金陵圖》的左側是西方，所以圖上西門龍光門北部的水門是柵寨門，流出柵寨門的就是秦淮河的北支。這條北支秦淮河，古代又稱為運瀆，因為孫吳改造這條河流為運河，故名運瀆。運瀆向西通往大江，向東連通六朝宮城，所以是重要的運河。但是運瀆其實不等於今天的秦淮河北支，運河的北部在六朝宮城西側，這一部分現在地面已經消失，所以我認為我們現在用秦淮河北支這個名字更好。

宋代《金陵圖》上的柵寨門內側，北部有一條小河，河上有一座非常簡易的小橋，這條小河就是冶山西側的小河，清代的地圖上，這座小橋稱為施橋。宋代稱為回龍橋，《景定建康志》卷十六《橋樑》：「回龍橋，在城西門。」楊大章摹本的《金陵圖》似乎沒有畫全這座小橋，馮寧摹本《金陵圖》畫出這座小橋，非常簡陋，僅有六塊木板。

因為這條小河的東側是冶山，北側是五臺山，所以這條小河就在很多小山之間的谷地形成，所以這條小河是天然形成，歷史上很早就有，不是人工開鑿形成。到了民國地圖上，這條小河已經消失，稱為黃泥巷，現在完全看不到遺跡。可能因為原來是河道，多泥水，故名黃泥巷。原來這條小河沿線的橋名，多數消失，但是侯家橋的地名還留存至今。

陳作霖《運瀆橋道小志》：「橋北橫街有平橋，曰回龍橋。《客座贅語》：『回龍橋，《建康志》云在城西門內。今卞廟西大街有平橋，沒洞甚巨。南通運瀆而至鐵窗櫺者，即此橋也。』橋下水，蓋匯城西北諸溝，由候駕橋而來者。《客座贅語》：『鐵塔寺倉前有橋，俗名侯家。故老云本名候駕，其義無考』」。回龍橋從宋代到清代，一直是平橋。

馮寧摹本《金陵圖》城內的西部地名解釋

這條小河在南宋《景定建康志》的《府城之圖》上被清晰地畫出來，《府

城之圖》甚至沒有畫出完整的秦淮河北支，而畫出了這條小河，大概是因為南宋晚期，建康府的軍事作用越來越重要，城西面對大江，城內西側有很多駐軍，西門是防衛的前線，所以特別畫出。

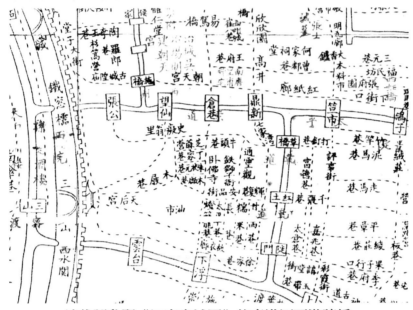

清代鄧啟賢《江寧省城圖》的秦淮河下游諸橋

其實古代的秦淮河北支上還有很多橋，在柵寨門內有張公橋，冶山的西南有望仙橋（現在莫愁路上的文津橋），冶山的東南有崇道橋（現在是王府大街的倉巷橋），再往東是鼎新橋（原名小新橋），再往東是欽化橋（俗名笪橋、改名太平橋），再往東是清化橋（俗名閃駕橋，改名景定橋，現代是鴿子橋）。

宋代這五座橋的信息，東部的三座橋在《景定建康志》卷十六《橋樑》有記載。根據《景定建康志》卷二十《城闕》記載崇道橋之西是柵寨門，則其西部的兩座橋（張公橋、望仙橋）在宋代還沒有建設，《景定建康志》卷十六記《橋樑》載東部的三座橋，從西向東是：

1. 崇道橋：「在天慶觀東，景定二年，馬公光祖重建，自書橋榜。」

2. 鼎新橋：「在太平橋西，舊名小新。景定二年，馬公光祖重建，改今名，自書榜。」

3. 太平橋：「在運司西南，舊名欽化，俗呼為笪橋。景定二年，馬公光祖重建，改今名，自書榜，跨運瀆。」

宋代《金陵圖》上省略了清化橋之西的三座橋，沒有畫出來，這是作者

有意省略嗎？我認為不是，因為冶山之西的簡陋小橋回龍橋都被畫出來了，秦淮河北支上的三座橋不應該被刻意省略。

我認為這三座橋沒有畫出來的真正原因是，這幅圖是作者從他所住的永寧驛向四周望去的視角，他向北部看過去，繁華的大街恰好在河道的南部，高聳的房屋擋住了屋後的那些橋，但是更遠的回龍橋卻可以看到。所以不是作者有意省略，而是作者的寫實。再往北的冶山在宋代是天慶觀，可能因為比較荒僻，所以圖上沒有畫出來。

宋代《金陵圖》上柵寨門內的秦淮河北支流到城市的中間，忽然向北轉彎，轉彎之前有一座橋，薛冰認為這座大拱橋是崇道橋，可是宋代崇道橋的左右，還各有一座橋，為何圖上單獨畫出崇道橋呢？我認為圖上的這座大拱橋絕不是崇道橋，而應該是清化橋（景定橋、鴿子橋），因為這座橋附近的作坊符合清化橋的特徵，而不符合崇道橋的特徵。這座橋就是宋代的景定橋，《景定建康志》卷十六《橋樑》記載：「景定橋，在永寧驛北。舊名清化，俗呼為閃駕橋。景定二年，馬公光祖重建，改今名，自書榜，跨運瀆。」

景定橋原名清化橋，其西側的太平橋原名欽化橋，宋代的讀音不同，宋代的欽讀 kin，清讀 tsin，所以不會混淆。

秦淮河北支向北轉彎的河道，其實就是古代的運瀆，在六朝宮城的西側，南唐仍然是在宮城的西側，《景定建康志》卷十六《橋樑》回顧運瀆：

> 運瀆六橋：按《實錄》云，孝義橋本名覽子橋。次南，楊烈橋，宋王僧虔觀鬥鴨處。次南，西州橋，宜在今笪橋西。次南高曄橋，建康西尉在此，今建興寺北路東出，度此橋，宜在今乾道橋左右。次南禪靈寺橋，對禪靈渚，宜是今斗門橋。按《建康實錄》注，古城西南行者是運瀆。古城，苑城也。吳大帝赤烏三年，使御史郗儉，鑿城西南，自秦淮北抵倉城，名運瀆。即此瀆是也。
>
> 今宮城西北興嚴寺前，有溝迆邐至清化市東，乃古運瀆。但自此西南，悉堙塞，不復可辨。雖東南為宮城西壍，疑非古蹟。然由宮牆壍至清化橋西，折過欽化橋，再南則運瀆舊跡復見。今乾道橋一帶河是也，六橋所在，亦可仿髴得其次第。清化橋即閃駕橋，欽化橋即笪橋，今橋與名皆非舊矣。閃駕橋為景定橋，欽化橋為太平橋，皆馬公光祖之所重建，詳見於前。

南宋人認為南唐宮城西側就是運瀆，但是這一段已有很多地方淤塞，到

了清化橋北部的清化市，從景定橋（鴿子橋、清化橋）再向西到筓橋（欽化橋、太平橋），往南又有河道。

運瀆本來是南北走向，所以《建康實錄》記載的運瀆六橋是從北向南。到了南宋時期，運瀆北段已經變化很大，有些橋找不到了。《景定建康志》的作者把運瀆北段的橋都安到了東西向的秦淮河北支上，造成了嚴重的錯誤。

今天的南京鴿子橋（南宋景定橋）的欄杆上，寫了鴿子橋古今的七個名字，包括孝義橋、甓子橋，其實沒有根據，鴿子橋在最東南部，不是最北部的孝義橋，方向完全反了。

今天的鴿子橋

筓橋也不是楊烈橋，西州橋不可能在筓橋之西，前人誤考西州城的位置，往往誤以為在冶山之西，其實根據今人的研究，西州城是在冶山之東。西州橋應該是在地勢較低的西州城之東，則在今豐富路之東，其實在晚清的《江寧省城圖》上，還畫出了明瓦廊以東的這條河道，明瓦廊以南的運瀆河道已經斷頭，可能是南宋時期已經湮沒的運瀆河段。陳作霖《運瀆橋道小志》認為西州橋是望仙橋，也是誤考。

筓橋在唐代稱為太平橋，昇州刺史顏真卿《乞御書天下放生池碑額表》記載唐肅宗李亨乾元二年（759年）冬月，肅宗命左驍衛右郎將史元琮、中使張庭玉詔，於天下州縣臨江帶郭處各置放生池，始於洋州興道縣（今陝西洋縣），終於昇州江寧縣秦淮河的太平橋，共81所。

元代《至正金陵新志》卷四下《橋樑》記載太平橋又名筓橋，俗傳是北

宋末年的茅山第二十六代宗師笪淨之所建。

　　南宋楊萬里有詩《過笪橋》云：「輕風欲動沒人知，早被垂楊報酒旗。行到笪橋中半處，鍾山飛入轎窗來。」南宋笪橋附近有酒樓，非常繁華。

今天從笪橋（太平橋）看鴿子橋（清化橋）

　　關於清化橋北的清化市，《景定建康志》卷十六《鎮市》引舊日的地方志記載：「古市，按《宮苑記》，吳大帝立大市在建初寺前，其寺亦名大市寺。宋武帝永初中，立北市在大夏門外歸善寺前。宋又立南市，在三橋籬門外鬥場村內，亦名東市。又有小市、牛馬市、穀市、蜆市、紗市等一十所，皆邊淮列肆稗販焉。內紗市在城西北耆闍寺前，又有苑市在廣莫門內路東。鹽市在朱雀門西，今銀行、花行、雞行、鎮淮橋、新橋、笪橋、清化市，皆市也。」

　　此處又特別提到清化市，所以清化市是非常重要的市場，這就是宋代《金陵圖》畫出清化橋的原因。清化橋是秦淮河北支和運河的交匯處，所以成為重要的市場。從長江來的船隻，進入柵寨門，開到清化橋，向北是宮城，可能不便再往前開，所以在清化橋頭形成傳統的市場。

　　清化橋向北通往金陵城的北門，《景定建康志》卷二十有明確記載，《府城之圖》也有反映，所以清化橋是城內四通八達之處。

　　宋代《金陵圖》上畫有一隻小船，正從柵寨門開入。前方又有一隻很大的船，恰好被秦淮河北支南岸的房屋和樹木遮擋，只露出高聳的桅杆頂端，前面有四個縴夫在拉縴，把這只大船往城內的方向拉，因為河水向西，這只

船向東逆流，所以需要拉縴。縴夫的胸前有一個細長的木棍，縴就扣在這個木棍的兩頭。三個縴夫在往前吃力地走，最前面的一個人在回頭拉縴。

這四個縴夫的打扮，各不相同。最前面的一個人，上身有衣服，下身是短褲。第二個人，頭戴斗笠。第三個人，頭髮有兩個髮髻，赤裸上身。第四個人，頭上包有頭巾。

再往前，清化橋的東側，停留很多小船，從長江來的大船很可能停在清化橋西側，不再往東。一是過橋困難，二是越往東河道越窄，南宋中期的運瀆已經有很多淤塞不見，大船更沒有可能開進去。

楊大章摹本《金陵圖》清化橋西拉縴的大船

宋代《金陵圖》上的清化橋上，有很多行人，橋的西南側，有三個人扯開一張畫布，旁邊有一個人依靠橋欄杆，這張畫布或許是販賣的布匹，附近正是生產布匹的錦繡坊，也有可能是一張地圖，這三四個人是在橋上看南京的地圖。對面有一個人擺了一個小攤，放有一些瓷器，有瓷瓶、瓷碗、瓷碟、瓷杯，似乎是賣瓷器的人。也有可能是賣小吃的人，孟元老記載開封的《東京夢華錄》卷二《飲食菓子》：「又有小兒子，著白虔布衫，青花手巾，挾白磁缸子，賣辣菜。又有托小盤，賣乾菓子。」橋口往南，有一個人推獨輪車，車上有很重的貨物，所以還有一個人在前面拉。在《金陵圖》的東門外白下橋上，似乎也有一個非常類似的攤子，攤子上有一些小杯子，還有一個人在問話。

前方有一個老人左手拿著一把樂器，右手拄著拐杖，這是一個賣唱的藝人，這個場景令人想到宋代志南的詩句：「古木陰中繫短篷，杖藜扶我過橋東。沾衣欲濕杏花雨，吹面不寒楊柳風。」其右側有一個人，肩挑重擔，擔子裏有蔬菜，很可能是賣菜的人。前方有一個人，肩上有行李。再往前，推著一輛牛拉的大車，車上滿載貨物。

馮寧摹本《金陵圖》的清化橋

　　清代以來的南京地圖上，鴿子橋（清化橋）的西北部有羊市橋，再西部的笪橋之北是木料市，鴿子橋的東北部是珠寶廊，可見鴿子橋附近一直是繁華的市場集中之地。

　　其實宋代《金陵圖》的這條街道，東段是在秦淮河北支的北岸，西段是在秦淮河北支的南岸，不在一條線上，被這幅圖的作者拉在同一條線上了。轉彎的地方很可能是在內橋，又名天津橋，是南唐宮城正南方的大橋。可能因為這裡非常繁華，所以畫圖的人不知不覺跟隨人群穿過了內橋，沒有畫出道路的轉折。也可以是畫圖的人故意省略了這處轉彎，或許是後世臨摹的人省略了。

　　我認為應該是宋代《金陵圖》的作者故意省略了內橋前方的道路轉彎，因為南宋時期的建康府的正式的留都，內橋之北是皇帝的行宮，這幅宋代《金陵圖》既然稱為院本，應該是皇帝命令畫院的畫家來繪畫，所以畫家很可能不敢畫出行宮之前的景象。其東部路北邊的上元縣衙門，也沒畫出來。

　　總之，從寫實的角度來看，這種省略可能是一個遺憾，但是從藝術的角度來看也未嘗不可，畢竟這幅圖已經反映了金陵城中的繁華景象，不必完全機械畫出所有的細節。

今天的內橋

第四節　錦繡坊和打釘巷

　　宋代《金陵圖》的清化橋（景定橋、鴿子橋）的東南方，畫出了一座紡織業的作坊。西側靠橋的地方，有兩個人手拉很長的布匹，另外有兩個人在旁邊協助加工。作坊外有很高的木架，掛有多種顏色的布匹，有紅色，有藍色，有黃色。有兩個人在很大的缸外，手持木杵，在缸中捶搗。這可能是在搗練，練布織出來時比較堅硬，需要煮沸、漂白，再用木頭捶搗才變得柔軟。

楊大章摹本《金陵圖》清化橋東南的錦繡坊

馮寧摹本《金陵圖》的錦繡坊

唐代張萱《搗練圖》

　　唐代畫家張萱有一幅著名的《搗練圖》，原來也是清宮收藏。1900年被八國聯軍擄走，現在美國波士頓博物館，圖上畫出四個婦女手持木杵搗練，另有四個婦女在熨燙，三個人手拉練布，一個人在熨燙。再看宋代《金陵圖》，畫的也是幾乎完全一樣的場景。《金陵圖》的房屋靠街的地方，還畫出了一個人正在從水井之中打水，印染要消耗很多水。

　　清化橋的東南，正是金陵城的紡織業作坊集中的錦繡坊，《景定建康志》卷十六《坊里》：「東錦繡坊在御街左，西錦繡坊在御街右。狀元坊二：一在御

街左東錦繡坊南，一在府學南報恩坊，在御街右西錦繡坊南。」東錦繡坊在御街的東側，西錦繡坊在御街的西側，這條御街是南唐的御街，是宮城正南門外的大街。御街的前方的內橋，也即通往大內的橋，又名天津橋，今天仍然稱為內橋。內橋之南就是御街，也就是今天的中華路。御街的西側是西錦繡坊，宋代《金陵圖》上反映的就是西錦繡坊。兩個錦繡坊的南部都有狀元坊，都出了狀元，說明越是富裕的地方，越有經濟實力培育人才。可惜錦繡坊、狀元坊的名字，都沒有保留到現代。

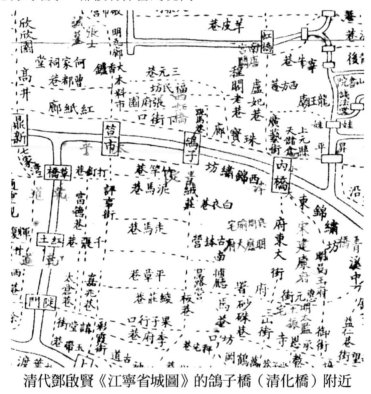

清代鄧啟賢《江寧省城圖》的鴿子橋（清化橋）附近

因為錦繡坊附近是最繁華的市場，所以街道容易損壞，《景定建康志》卷十六《鋪驛》記載：「制使姚公希得任內，整砌街道。先是東西錦繡坊及經武坊一帶，街衢多有損壞缺陷，去處不便往來。景定三年三月十七日興工，至四月二十日畢。重新布砌，用磚二十餘萬口，工物總費五萬二千一百餘緡，米六十一石七斗有奇。」

清化橋是今天的鴿子橋，橋的東南部就是絨莊街，今天還保留了這個地名，再往南有踹布坊，踹布坊的名字也保留到今天。踹布坊的巷子內原來有很多踹布石，布匹織好需要用石頭碾壓。踹布的工匠用手抓住高高弔起的類似龍骨水

車的木槌，腳踩一種菱角形的巨石兩頭，用力蹦壓下面的布匹，左右滾動，使布變得更緊密光滑，蹦布的勞動強度很大，蹦布坊一般由名為包頭的業主，向客店領布發給蹦匠壓碾，收取加工費用。現在南京的雲錦博物館還有這種菱角形的蹦布石，又名元寶石。玄武湖公園的金陵盆景館裏，也有蹦布石，名牌有文字說明介紹，南京的元寶石多採自東部的陽山石材，石質性冷細膩，不會因摩擦而產生靜電，因而受到洗染店的青睞。一些名氣大的洗染店常不惜重金購得元寶石，以炫耀自己的經濟實力。這塊元寶石在玄武湖的梁州地下發現，可以見證元末明初的玄武湖確實曾有過織造機構的存在。

今天絨莊街的南段西側，就在蹦布坊的南面，還有一條綾莊巷，源自賣綾羅的商鋪。在綾莊巷的西南，評事街的南頭有彩霞街，據說原名是草鞋街，誤寫成彩霞街。其西部還有玉帶街，可能也是源自服飾，可以這一帶是古代南京紡織業的中心。因為歷史上這一帶很繁華，有很多大戶人家，所以現在這一帶也是南京受保護的古代建築集中地。

絨莊街、綾莊巷交界處的古建築

清化橋的西南部，明清是打釘巷，現代還保留了這個地名，這裡原來是鐵匠作坊。宋代《金陵圖》上的清化橋西南方，第一個作坊正是打鐵的鋪子，裏面有很大的爐子，一個人在推動風箱給高爐加溫。門口的大木頭檯子上有一個梯形的鐵座，很可能是打鐵的基座，下面還有一些鐵製品。

門前左側（西側）有一個人在磨刀，門前右側（東側）的樹下有兩匹馬，很可能是來釘馬掌，或是買馬鐙等鐵製品。樹後面有一個人，兩臂赤膊，可能是鐵匠鋪的工匠。馬的中間有一個馬童，馬的前面有兩個人，一個年輕，

一個是官員打扮，他們應該是這兩匹馬的主人，是衙門的官員。

大門的正前方有兩個人，一個人手持鐵鋸，一個人肩扛工具，似乎都是來買鐵製品的工匠。如果我們的判讀不錯，那麼唐宋到明清，這裡都是鐵匠作坊集中的地方。

馮寧摹本《金陵圖》的鐵匠鋪（上）和雜技場（下）

因為清化橋是非常繁華的地方，人流密集，所以在清化橋的西南，鐵匠鋪的對面，還有一處雜技藝人賣藝的地方，《金陵圖》畫出很多人在圍觀一個人走在很高的繩索上，繩索扣在高高的竹竿上，這個走在繩索上的人手持一根很長的木棍平衡身體，西側還有一些人正在走來觀看。左下方還有一個人似乎在用手敲鼓，又有兩個人，跪在地上，一個拉二胡，一個吹笛子，這三個人應該是這個雜技演員的搭檔，他們的身旁有兩個木桶，可能是放有雜技團的行李。他們的音樂伴奏，加劇了緊張氣氛，扣人心弦，讓觀看者更加全神貫注。

前排的人群中間擠有兩個小孩，有一個後排的觀眾讓小孩騎在他的脖子上看，前排還有兩個光頭的小和尚也在看，右側還有一個小販，手托一盤饅頭的小販也在觀看，忘記了自己的買賣。

最遲從明清時代到現在，打釘巷、七家灣一帶都是回族等穆斯林聚集的地方，穆斯林是在元代才大量從西域來到內地。為什麼穆斯林聚集在這一帶呢？很可能是因為這一帶地處西水門內的水運要衝，宋代就是商業中心，而

西域來的穆斯林很多是胡商，選擇居住在商業中心，便於貿易，所以在元代很可能就形成了穆斯林聚居地的前身。

從清化橋的河道及錦繡坊、打釘巷的寫實程度來看，宋代《金陵圖》的作者非常熟悉這附近的地方。為什麼作者熟悉這一塊地方呢？

第五節 畫家居住的永寧驛

我們看到這幅宋代《金陵圖》上的清化橋正南方，有一座非常高大寬闊的建築群，這在圖上非常罕見！因為這幅圖上詳細畫出的全是街道北部的建築，只有在這一個地方詳細畫出街道南部的建築。有錢的人家都是大門朝南，所以街道北部的店鋪更加繁華，街道南部的建築自然不及北部，所以作者不畫，為什麼這座建築如此特殊呢？

楊大章摹本《金陵圖》清化橋南的永寧驛

原來這座清化橋正南方的建築，就是永寧驛，《景定建康志》卷十六《橋樑》記載：「景定橋，在永寧驛北。舊名清化，俗呼為閃駕橋。」永寧驛在清化橋的正南方，圖上的這座氣勢恢宏的建築就是永寧驛。因為這是金陵城內的驛站，所以作者最有可能住在此處，至少應該在永寧驛駐足，所以他反常地畫出了這個街道南側的建築。

這座建築的右側門口有一些人在燒火做飯，但是在大堂的中間卻是一個儒生模樣的人在看書，還有四個童子，似乎是私塾，但是私塾不太可能如此豪華。肯定不是飯店，也不是私家住宅，否則不會在門口燒火做飯。西側還有倉庫，放了很多袋子，有一個人在門口，手拿一個馬鞍，這顯然是驛站。驛站才有人在門口燒火做飯，才有人準備鞍馬，才有倉庫。至於大堂上的先生和四個童子，可能就是驛館的官員，或許是借宿的先生或官員。

有人認為這座建築是書院，可是我們在《景定建康志》中沒有看到此處有書院的記載。如果這是一處普通的書院，不可能成為圖上唯一突出在道路南面的宏大建築。南宋初年，兵荒馬亂，北方流寓到江南的士大夫很多，當然最有可能接住在驛館，教書糊口。宋代《金陵圖》的作者是宮廷畫院的畫家，他為趙構巡幸建康而畫這幅圖，趙構隨行的人員很多，不少要住在永寧驛，所以畫家要表現驛館的氣氛祥和，環境優雅。

作者從他的住處永寧驛向北看到繁華的清化橋四周市場，向遠方看到冶山西側的小橋，所以宋代《金陵圖》最重要的繪畫基點是永寧驛。

我們在《景定建康志》的《府城之圖》看到，永寧驛在景定橋（清化橋）南部，在西錦繡坊和總領所的西部。

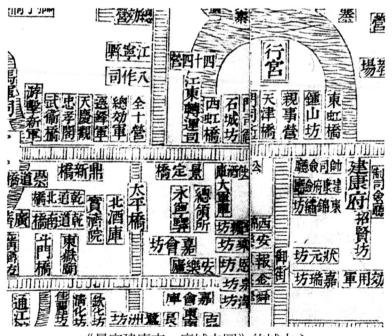

《景定建康志‧府城之圖》的城中心

永寧驛的詳細記載是《景定建康志》卷十六《鋪驛》記載：「永寧驛，舊基在南唐儀仗院，今為待漏院。而驛徙置總領所西閃駕橋之南，紹興十五年晁公謙之建。」永寧驛的原址在南唐的儀仗院，宋高宗趙構紹興十五年（1145年）才搬到清化橋的南部。因為清化橋是金陵城內的四通八達之地，附近還有總領所等很多官府的衙門，各地的官員來往頻繁，所以永寧驛才要搬過來。所以這幅圖應該是在紹興十五年之後畫出來，這就為我們判斷這幅圖的繪畫

時間提供了一條非常重要的線索。

所以這幅宋代《金陵圖》的作者很可能也是社會上層人士，具有官方背景，否則不會如此重視永寧驛，平民更可能住在民間客棧，這為我們考證這幅圖的作者也提供了重要的線索。

第六節 《金陵圖》作者的推測

根據我上文的研究，宋代院本《金陵圖》的作者最有可能住在清化橋南的永寧驛，永寧驛是紹興十五年（1145 年）才搬到清化橋南部，則這幅圖的繪畫時間在紹興十五年之後。而圖上的東門外的白下橋還是木橋，嘉泰三年（1203 年）開始改建為石橋，則這幅圖的繪畫時間應該是在紹興十五年到嘉泰三年之間的 60 年內。這幅圖的繪畫時間大體上是在高宗後期到孝宗、光宗時期，我們可以尋找這一時段內比較有名的畫家，推測《金陵圖》的作者。

在張擇端之前，我們似乎看不到類似《清明上河圖》的作品，張擇端的《清明上河圖》反映的是宋代商品經濟走向繁榮的時代特色。所以《金陵圖》受到《清明上河圖》的影響，非常值得我們關注。

上文比較了《金陵圖》和《清明上河圖》，發現有很多共同點，所以我們可以推測，《金陵圖》的作者很可能是一個從北宋到南宋的畫家，他很可能看過張擇端的《清明上河圖》，所以畫出了類似的《金陵圖》。張擇端是翰林書畫院的畫家，而《金陵圖》也是院本，作者也是朝廷畫院的畫家，所以《金陵圖》的作者自然有可能熟悉張擇端的畫作。從《金陵圖》和《清明上河圖》的繪畫風格差異來看，《金陵圖》的作者不是張擇端，但是他仰慕張擇端的《清明上河圖》，所以很多地方有些類似。

我認為宋代院本《金陵圖》最有可能的作者是蘇漢臣，蘇漢臣在北宋末年徽宗時曾經任宮廷畫院待詔，所以他很有可能熟悉張擇端的《清明上河圖》，所以他的《金陵圖》有很多類似《清明上河圖》的地方。蘇漢臣在南宋初年，來到南方，又在南宋宮廷的畫院任職，宋孝宗隆興元年（1163 年）因為畫佛像得到皇帝的賞識而升為承信郎。他在南宋初年的生活還不錯，所以他最有可能在高宗紹興中晚期到孝宗時期畫出《金陵圖》，這幅圖透露出的是紹興和議之後的一種祥和氣氛。

蘇漢臣師從北宋的畫院待詔劉宗古，擅長畫人物、佛像與市井風情圖，

他的傳世作品有：《貨郎圖》、《嬰戲圖》、《百子嬉春圖》、《秋庭嬰戲圖》、《冬日戲嬰圖》、《嬰兒戲浴圖》、《嬰兒鬥蟋蟀圖》、《二童賽棗圖》、《妝靚仕女圖》、《雜技戲孩圖》、《五瑞圖》、《擊樂圖》。

現在臺北故宮博物院的《貨郎圖》畫的是一個貨郎，架子上有很多商品，旁邊有一群小孩在玩耍。現在臺北故宮博物院的《雜技戲孩圖》畫的是一個街頭雜技藝人，用他身上的小玩意吸引了兩個小孩的注意。現在北京故宮博物院的《秋庭嬰戲圖》畫的是兩個小孩在假山之前的凳子邊玩耍，現在臺北博物館的《冬日戲嬰圖》畫的是兩個小孩在和貓玩耍，現在天津博物館的《嬰戲圖》畫的是兩個小孩在撲花朵上的蝴蝶。

宋代《金陵圖》在東大街的藥局東側，出現了蘇漢臣最常見的畫景：貨郎和小孩，這為我們判斷《金陵圖》的作者提供了有力的佐證。《金陵圖》上的場景，貨郎的擔子上有風車，有玩具小猴子，還有玩具雞，有大大小小的撥浪鼓，插在架子上。背後還有一個婦人掀開簾子，很可能是那個小孩的媽媽。前面有一個男子在小孩旁邊，正在敲鼓，很可能是小孩的爸爸，他在為兒子買玩具，正在試驗是否好玩，是否值得買。那個媽媽彷彿探出頭來，在勸他們少買一些，家裏的玩具已經太多了。

這個構圖比蘇漢臣的單幅畫作貨郎和小孩，更有生活情趣，其實超過了傳世的蘇漢臣作品。傳世的蘇漢臣作品很多是單幅畫作，大概是因為易於保存，所以更為世人熟知。現在看來，那些單幅作品還不是蘇漢臣最為精妙的構圖，這幅《金陵圖》才是蘇漢臣更高超的構圖。

在北宋滅亡時的大戰亂中，中原人死傷慘重，李心傳《建炎以來繫年要錄》卷四說，金兵在繁華的中原大地劫掠，東到山東沿海，南到淮河，殺人如麻，屍體的臭味飄到數百里外。十多萬中原人被擄掠到北方，宮廷圖書一片狼藉。泥土之中，金帛散佈。宋朝兩百年的積蓄被掃蕩一空。開封城內餓死、病死的人就有一半。樹上的葉子和街上的貓狗都被吃光，一隻老鼠也值數百錢。城外的墳墓，全被挖開，金兵取棺材為馬槽。人們爭搶路上的屍體來吃，還沒斷氣的活人也被挖肉，人肉和豬肉、馬肉夾雜來賣。開封的無業游民，一半被凍餓而死，到處都是屍體。

活下來的很多人變成了流民，被迫加入大大小小的強盜集團，大的流民集團有數萬人。所過一空，甚至大吃人肉，莊綽的《雞肋編》記載兩宋之際的六七年間，山東、京西、淮南等路，荊榛千里，斗米至數十千，且不可得。盜

賊、官兵以至居民，更互相食。人肉的價格比豬肉和狗肉還便宜，肥壯者一塊不過十五千，全身都能做成臘肉。人肉還有很多別名，老瘦男子稱為饒把火，少女稱為不羨羊，小兒稱為和骨爛，通稱為兩腳羊。山東的民間武裝首領范溫堅持在海島抗金，因為缺糧，航海投奔南宋，船到浙江，還有士兵手在吃人肉。

在這樣一個人間地獄的時代，能夠逃到南方的人都算是幸運兒，蘇漢臣有幸投奔南宋，仍然在畫院作畫，已經感到萬幸，所以他看到金陵城內又是一片祥和，自然要重點描繪這種難得的景象。

馮寧摹本《金陵圖》的貨郎和家庭

現在北京故宮博物館的《百子嬉春圖》畫了很多小孩在園林中玩耍，我認為這幅圖的樹木的畫法非常類似《金陵圖》上的樹木畫法。《清明上河圖》的樹木畫法和《金陵圖》有很大不同，《清明上河圖》的樹木粗壯彎曲，顯得蒼勁有力，而《金陵圖》的樹木則鮮活靈動。

南宋其他著名畫家，似乎不太可能是《金陵圖》的作者。蕭照的畫風不

像《金陵圖》，元代夏文彥的《圖繪寶鑑》說蕭照：「畫山水人物，異松怪石，蒼涼古野，惜用墨太多。」

浙江金華人劉松年生活在孝宗、光宗、寧宗時代，比南渡畫家的時代稍晚，他的畫多是山水小景，缺乏長卷圖軸。馬遠、夏圭差不多和劉松年同時代，他們都是擅長山水畫，畫風和蕭照一樣，都取法李唐。馬遠的《西園雅集圖》現在美國的納爾遜・艾京斯藝術博物館，圖上畫出雅集的多人，但是周圍的山石和林木竟有一大半圖幅。樹蔭翁鬱，色調蒼翠，這和《金陵圖》的樹木很不相同。夏圭的畫風更加蒼茫，圖幅上有很多地方是表現遠方的雲煙和山林，這和《金陵圖》的風格很不相同。

至於李嵩的年代更晚，繪畫風格也和《金陵圖》不同，因為南宋末年的社會更加腐敗，李嵩來自民間，所以李嵩的很多作品帶有強烈的批判意味，所以李嵩不可能是《金陵圖》的作者。

第二章 金陵城西風貌

第一節 西門內的瓦子

　　宋代《金陵圖》上的建康城西門內側，在秦淮河北支的南岸的牆角，畫有一個瓦子，在一個簡陋的棚子內，有一個人，手持三弦，正在彈唱，兩側各有三四人在聽，中間有一個小桌子。

楊大章摹本《金陵圖》的西門和瓦子位置

楊大章摹本、馮寧摹本《金陵圖》的瓦子

張擇端《清明上河圖》的瓦子

　　北宋開封和南宋杭州的瓦子可能也差不多，對比《清明上河圖》上的瓦子可以發現確實非常類似。可見宋代的瓦子建築簡單，多在人流密集之地，經營者主要是靠聽眾的數量來盈利。

　　我在我研究《水滸傳》的專著中，曾經指出，南宋初年監管建康府水門的官員趙祥正是《水滸傳》最早的作者，趙祥被來自山東五丈河邵青的民間武裝俘虜。邵青的水軍在長江和金軍英勇作戰，但是他們憤恨宋朝的昏君和姦臣，也經常打擊南宋的官軍。邵青最終被官府招安，被編成御前忠銳軍，駐在都城臨安府。趙祥被召入宮內，為宋高宗趙構講小說，其實主要就是南宋初年各地義軍抗金的故事，徐夢梓《三朝北盟會編》卷一四九說：

> 　　邵青受招安，為樞密院水軍總制。先是杜充守建康時，有秉義郎趙祥者，監水門。金人渡江，邵青聚眾，而祥為青所得。青受招安，祥始得脫身歸，乃依於內侍綱。綱善小說，上喜聽之。綱思得新事，編小說，乃令祥具說青自聚眾已後蹤跡，並其徒黨忠詐及強弱之本末。其祥綴次序，侍上則說之。故上知青可用，而喜單德忠之忠義。

　　趙構喜歡聽小說，趙祥把邵青等各地民間武裝的歷史編成小說講給他聽。這就是現在我們看到的《水滸傳》故事的由來，所謂梁山泊好漢一百零八將，絕大多數都不是北宋末年梁山泊上的人，多數是南宋初年各地的民間武裝首領，這一點以前有很多學者已經有充分的論證，我的書中又作了更為深入、全面的研究。

　　趙祥很可能是在建康水門旁邊的瓦子聽了很多各路好漢的故事，才會講好漢的故事。由此可見，水門不僅是航運和商業中心，也是信息和文化交流的中心。今天的南京水西門附近，如果按照宋代的《金陵圖》，仿建一個宋代的瓦子，對紀念《水滸傳》非常有益。

　　宋代瓦舍勾欄的說書，還被《水滸傳》寫進書中，第2回說高俅：「因幫了一個生鐵王員外兒子使錢，每日三瓦兩舍，風花雪月。」第110回說燕青和李逵晚上在都城，擠進桑家瓦舍的人群中，聽上面說平話《三國志》，講到關羽刮骨療毒。李逵喝彩，燕青說他好村，就是沒有進過城的鄉下人，不應該在瓦舍勾欄大驚小怪。

　　南宋初年，楊存中因士兵多是西北人，在杭州創立瓦舍作為軍人娛樂之地，南宋咸淳年間的杭州地方志《臨安志》卷十九說：「紹興和議後，楊和王

為殿前都指揮使，以軍士多西北人，故於諸軍寨左右營，創瓦舍，招集伎樂，以為暇日娛戲之地。其後修內司又於城中建五瓦，以處遊藝。今其屋在城外者多隸殿前司，城中者隸修內司。」

孟元老記載北宋東京開封府的《東京夢華錄》卷二《東南樓街巷》：

> 街南桑家瓦子，近北則中瓦，次裏瓦。其中大小勾欄五十餘座，內中瓦子蓮花棚、牡丹棚、裏瓦子夜叉棚、象棚最大，可容數千人。自丁先現、王團子、張七聖輩，後來可有人於此作場。瓦中多有貨藥、賣卦、喝故衣、探搏、飲食、剃剪、紙畫、令曲之類，終日居此，不覺抵暮。

可見瓦子建築確實以棚為主，但也有特大型的棚子可容數千人。除了說唱，還有買藥、打卦、賣舊衣服、武術、飲食、剪頭、賣畫的各色人等。

卷五《京瓦技藝》記載崇寧、大觀以來，開封的瓦肆伎藝名角、嘌唱弟子、教坊減罷並溫習、般雜劇、傀儡、上索雜手伎、講史、相撲・掉刀、蠻牌、弄喬影戲、說諢話、說三分（三國演義）各行著名演員的名字。其餘不可勝數，不以風雨寒暑。諸棚看人，日日如是。

南宋吳自牧的《夢粱錄》記載：

> 瓦舍者，謂其「來時瓦合，去時瓦解」之義，易聚易散也，不知起於何時。頃者京師甚為士庶放蕩不羈之所，亦為子弟流連破壞之門。杭城紹興間駐蹕於此，殿巖楊和王因軍士多西北人，是以城內外創立瓦舍，招集妓樂，以為軍卒暇日娛戲之地。今貴家子弟郎君，因此蕩遊，破壞尤甚於汴都也。其杭之瓦舍，城內外合計有十七處，如清泠橋西熙春樓下，謂之南瓦子。市南坊北三元樓前，謂之中瓦子。市西坊內三橋巷，名大瓦子，舊呼上瓦子。眾安橋南羊棚樓前，名下瓦子，舊呼北瓦子。鹽橋下蒲橋東，謂之蒲橋瓦子，又名東瓦子，今廢為民居。東青門外菜市橋側，名菜市瓦子。崇新門外章家橋南，名薦橋門瓦子。新開門外南名新門瓦子，舊呼四通館。保安門外，名小堰門瓦子。候潮門外北首，名候潮門瓦子。便門外北，謂之便門瓦子。錢湖門外南首省馬院前，名錢湖門瓦子，亦廢為民居。後軍寨前，謂之赤山瓦子。靈隱天竺路行春橋側，曰行春瓦子。北郭稅務，曰北郭瓦子，又名大通店。米市橋，下米市橋瓦子。石碑頭北麻線巷內，則曰舊瓦子。

　　瓦舍的本義是指簡易的瓦棚，沒有任何高深的含義，所謂瓦合、瓦解都是文人的牽強附會。從《清明上河圖》和《金陵圖》來看，瓦舍的棚頂似乎也不是真正的瓦，而是竹棚。《金陵圖》的瓦舍右側，看似有一個彩穗，其實這是旁邊茶館的幌子，不是瓦舍的幌子，瓦舍簡單得連名牌都沒有。北宋都城開封的瓦舍已經很發達，南宋都城臨安的瓦舍更繁榮，吳自牧記載了 16 處瓦子。這 16 處，多數是在城門、橋頭，這是人流最密集之處，這和《金陵圖》的水西門內的位置也很接近。

　　南宋張端義的《貴耳集》記載臨安府的中瓦子：「天下術士皆聚焉，凡挾術者，易得厚獲。」這些看相算命的人之所以獲利很多，主要就是因為瓦子勾欄裏的人很多。

　　宋末元初的周密在他寫都城杭州的《武林舊事》之中，列舉了 23 座瓦子。宋代史料記載溫州在北宋就有瓦舍，明州（今寧波）有新舊瓦子，鎮江有南北瓦子巷，平江府（今蘇州）、建寧府（今建甌）有勾欄巷，湖州和嘉興之間的烏青鎮（今烏鎮）也有兩個瓦子。金朝的真定府（今河北正定）南城陽和門也有兩個瓦市，很可能源自北宋。

　　金元之際的杜仁傑有小曲《般涉調‧耍孩兒‧莊家不識構闌》：

> 風調雨順民安樂，都不似俺莊家快活。桑蠶五穀十分收，官司無甚差科。當村許下還心願，來到城中買些紙火。正打街頭過，見弔個花碌碌紙榜，不似那答兒鬧穰穰人多。
>
> 〔六煞〕見一個人手撐著橡做的門，高聲的叫請請，道遲來的滿了無處停坐。說道前截兒院本調風月，背後麼末敷演劉耍和。高聲叫：趕散易得，難得的妝合。
>
> 〔五煞〕要了二百錢放過聽咱，入得門上個木坡，見層層疊疊團團坐。抬頭覷是個鐘樓模樣，往下覷卻是人旋窩。見幾個婦女向臺兒上坐，又不是迎神賽社，不住的擂鼓篩鑼……
>
> 〔一煞〕教太公往前挪不敢往後挪，抬左腳不敢抬右腳，翻來覆去由他一個。太公心下實焦燥，把一個皮棒槌則一下打做兩半個。我則道腦袋天靈破，則道興詞告狀，剗地大笑呵呵。
>
> 〔尾〕則被一胞尿爆的我沒奈何。剛捱剛忍更待看些兒個，枉被這驢頹笑殺我。

這首小曲描寫了一個莊稼漢在農閒時節，來到城市，要買紙錢，去佛寺

還願。首次到勾欄看戲，有人在門口攬客，高叫是難得的演出。莊稼漢看到不少迎神賽會的時節，也不停地奏樂，感到很新鮮。戲劇演到高潮，張太公把小二哥的皮棒槌打破，莊稼漢以為是打破了演員的天靈蓋，還以為要去官府告狀。莊稼漢看了很久，尿急憋了很久。

第二節　駝隊

在《金陵圖》上西門內瓦子的東南方，路邊有三頭駱駝，駱駝身上的貨架已經被搬空，還有兩個人在抬地上的貨物，這是遠程運輸的重物。而路邊的人對這三頭駱駝似乎熟視無睹，司空見慣，沒有人圍觀，證明此時的金陵人早已熟悉城內有駱駝行走，不以為然。

馮寧摹本《金陵圖》的駝隊

駱駝在西北似乎是很常見的動物，在宋代的北方也有很多。張擇端的《清明上河圖》上畫了北宋都城開封城內有一個人牽著駱駝，經過城門，有些學者認為這個人是來自西域的胡人。

其實《清明上河圖》畫的是一個很長駝隊，畫面上顯示出的是三頭駱駝，還有被城牆擋住的幾頭。從長度來看，很可能還有三頭駱駝。這麼大的駝隊

不可能僅僅是一個人管理，最後一頭駱駝的後面還有一個人，手持長杆，很
可能也是駝隊的管理者。倒數第二頭駱駝的旁邊也有一個人，背著行李，很
可能也是駝隊的管理者。這幾個駝隊周圍的人，都看不出是胡人的相貌和胡
人的服裝，很可能不是胡人，而是漢人。還有人提出《清明上河圖》孫羊正店
左側（西側）的一個長鬚的人是胡人，也缺乏證據，宋代漢族之中肯定也有
很多長鬚的人，不能都看成是胡人。

《清明上河圖》城門內的駝隊

《清明上河圖》城門口的駝隊

　　但是宋史學家程民生先生指出，宋代的北方漢人也使用駱駝。河東路（今山西省），各家飼養駱駝。宋神宗時的知太原府（今山西太原）韓絳，稱當地人：「駝與羊，土產也，家家資以為利。」陝西也有很多駱駝，元豐六年（1083），由於戰爭的需要，陝西路調發官私駱駝2000頭運輸軍需。宋真宗天禧年間，有人去京東路，用駱駝運輸物品。宋仁宗景祐年間，還曾經在京西路徵用駱駝，則民間也有飼養駱駝。開封是官方駱駝養殖、役使的中心和駱駝集散地，周世宗柴榮征淮南時就用駱駝。北宋開封設有駝坊，靖康元年（1126年）金兵包圍開封時，曾向宋政府索取駱駝1000頭。開封的民間有飼養駱駝，還有交易市場。官府用駱駝給各地官員和士兵運送物資，接待外國來的使團可以使用駱駝，出使遼朝的使團也有使用駱駝，王明清的《投轄錄》還記載開封的駝坊用駱駝向四川運貨。南宋都城臨安府也有駝坊，但是人員減少了很多，南宋的中晚期看不到具體飼養駱駝的記載。

　　宋代的江南駱駝較少，吳曾的《能改齋漫錄》卷十五記載宋太祖趙匡胤建隆四年（963年），宋軍剛剛攻下荊湖南路（今湖南），輜重部隊中的駱駝引起了轟動和圍觀：「澧、朗之民，素不識駱駝。隨軍負荷，頗有此畜。村落婦女，見而驚異，競來觀之。」

　　南宋初年的廣西人看到駱駝，也是如此，蔡絛《鐵圍山叢談》卷六記載：「唐人說江東不識橐駝，謂是廬山精，況今南粵，宜未嘗過五嶺也。頃因雲擾後，有北客驅一橐駝來。吾時在博白，博白人小大為鼓舞，爭欲一識。客輒闔戶蔽障，丐取十數金，即許一入。如是，遍歷瀕海諸郡，藉橐駝致富矣。後橐駝因瘴癘死，其家如喪其怙恃。」〔註1〕

　　宋代《金陵圖》畫出了金陵城內的駱駝，這是南方罕見的動物，但是金陵城內的人不太在意，說明他們早已看過駱駝，或許宋代一直有駱駝來到金陵城內。或許是因為南宋初年，北方淪陷，北方很多軍隊和移民帶來了更多的駱駝。南宋初年，官軍的主力有很多來自西北，劉光世、韓世忠、張俊等很多著名的將領都是西北人。

　　南宋初年，還沒有完全喪失西北，所以還有西域的商隊來到南宋境內。高宗趙構建炎四年（1130年）三月己酉：「張浚言，大食獻珠玉已至熙州，詔浚遣赴行在，右正言呂祉言，所獻真珠、犀、牙、乳香、龍涎、珊瑚、梔子、

〔註1〕程民生：《〈清明上河圖〉中的駝隊是胡商嗎？——兼談宋朝境內駱駝的分布》，《歷史研究》2012年第5期。

玻璃，非服食器用之物，不當受。上諭大臣曰，捐數十萬緡，易無用珠玉，曷若愛惜其財，以養戰士。遂命宣撫司無得受，仍加賜遣之。」〔註2〕此時熙州（治今甘肅臨洮）還為宋朝控制，如果能夠堅守，還能聯絡西域，但是高宗失去恢復故土的雄心壯志，熙河路最終喪失。

我們注意到《景定建康志》的《府城之圖》，在城內東北部的軍營地域，標有駱駝寨，證明南宋金陵城內有軍用的駱駝。《景定建康志》卷三十八記載，景定三年（1262年），沿江制置使姚希得想創建馬寨，選擇在北門寨、駱駝寨兩處修建。

宋代《金陵圖》上的這三頭駱駝畫得非常逼真，而且頭朝不同的方向，構圖非常巧妙。我在下文還要論證這幅圖的作者是北方人，他很可能原來就熟悉駱駝，所以才畫得如此惟妙惟肖。

第三節　北方來的商人

我們注意到宋代《金陵圖》駝隊的旁邊有一匹馬，旁邊的人背著褡褳，是商人打扮，而不是官員打扮。宋代《金陵圖》上的馬很少出現，這匹馬也很可能也是跟隨北方的商人駝隊而來。

這幅宋代《金陵圖》出現了四處北方來的商人形象，這兩個人的特點都是頭戴有布簾的氈帽。第一處是在西門外的沙洲上，有兩個人騎著毛驢，其中一個人戴著四周有布簾下垂的氈帽，前面還有一個人為他們挑貨物。

馮寧摹本《金陵圖》的西郊北方商人

〔註2〕〔宋〕李心傳：《建炎以來繫年要錄》卷三十二。

　　第二處是在東門內大街的旅店門口，也是一個人頭戴有布簾的氈帽，身後還有三個挑夫，兩個人已經放下扁擔和貨物，還有兩個人挑著貨物。證明這群人剛剛來到金陵城內，尚未住下，所以這幅圖的構圖巧妙，很有動態感。前方有很多貨物，有一個旅店的小廝正在門口接待這位商人。旅店裏的大廳還有一個小廝，老闆坐在桌旁，右腿搭在左腿上，手拿蒲扇。

馮寧摹本《金陵圖》城內的北方商人

　　第三處是在藥局對面的路上，有一個人頭戴有布簾的氈帽，騎在一匹大白馬上，他的後方似乎跟有一個背負貨物的僕人。

　　第四處是在東門的鍾山南麓，有一個人頭戴有布簾的氈帽，騎在驢上，手持鞭子，正在趕路。他的身旁似乎沒有僕人，但是在圖的上方不遠處有一個挑行李的人可能是他的僕人。

　　此時的金陵城進入秋季，但是北方已經是深秋，北方來的商人早已戴上了有布簾的氈帽禦寒擋風。

　　一直到明代，來到南京的北方商人仍然是這種形象，著名文學家、湖北公安縣人袁宏道的《竹枝詞》描寫南京沿江風景，第八首是：

　　　　吳兒纖晰語音儂，北客高簷項領重。江西賈子面如漆，褲褶行纏伴老傭。

　　從江浙來的人體形纖細，說一口吳儂軟語。北方來的商客戴有高大的氈帽，氊就是氈，他們的衣領重疊，用以禦寒。江西來的商人，皮膚黝黑如漆。為了方便行走，裹緊褲腳，還伴有老傭人。

馮寧摹本《金陵圖》的另兩處北方人

　　宋代北方人戴白氈笠，《水滸傳》出現五次白范陽氈笠，第 2 回史進頭帶白范陽氈大帽，第 11 回楊志頭戴一頂范陽氈笠，第 19 回劉唐頭帶白范陽氈笠兒，第 19 回宋江出逃時戴著白范陽氈笠兒，第 22 回武松戴著個白范陽氈笠兒，第 62 回燕青戴白范陽遮塵笠子，第 74 回河北盧俊義頭戴白范陽氈笠兒。這些人都是河北人、西北人，武松的老家陽穀縣緊靠宋代的河北路。唐、遼、金的范陽縣在今河北涿州，范陽氈帽或許很早出現，從范陽開始向南流傳。因為能夠禦寒，所以深受河北、山東人喜歡。有學者誤以為《水滸傳》的氈帽是元代才出現，這個觀點不能成立。

　　建炎三年（1130 年）正月丁亥，山東大盜劉忠，外號白氈笠，他率民間武裝劫掠海州（今連雲港）、泗州（今泗洪）、蘄州（今蘄春）、岳州（今岳陽），被南宋官軍打敗，又回到北方，投靠劉豫的北齊。

　　北方的商人渡過長江，才來到建康府，所以在西門外的沙洲之上出現了北方商人的形象。此時有很多北方商人來到，證明這幅圖是在南宋中期的宋、金和平年代繪畫。根據我的研究。這幅圖的作者也是南宋初年來到南方的北方人，所以他對北方人尤其關注。

　　宋代民間旅店非常發達，《水滸傳》第二十八回說，河北、山東客商都來

孟州，金眼彪施恩在東門外有一座市井，地名喚做快活林，有百十處大客店，三二十處賭坊、兌坊。第七十四回說，泰安的廟上好生熱鬧，不算一百二十行經商買賣，只客店也有一千四五百家，延接天下香官。

根據《五代會要》卷二十六記載，北宋立國之前的第五年，後周顯德二年（955年）下詔說，東京開封府「車馬輻輳，水陸會通，時向隆平，日增繁盛。而都城因舊制度未恢，諸衛軍營，或多窄狹。百司公署，無處興修。坊市之中，邸店有限，工商外至，億兆無窮，僦賃之資，增添不定，貧乏之戶，供辦實難。」所以修建羅城，也即宋代開封的外城。

因為開封的旅店很多，所以宋代很多官員經營旅店發財，北宋初年的魏仁浦用邸店獲利，宰相趙普「營邸店，奪民利」，〔註3〕上官融的《友會談叢》記載滄州節度使米信「外營田園，內造邸舍，日入月算，何啻千緡？」宋仁宗因為洪福禪院失火，把寺廟的田產和邸店都賜給生母李宸妃的娘家。董奔的《閒燕常談》記載宋徽宗政和年間，宰相何執中「廣殖貲產，邸店之多，甲於京師」，有演員在演戲時嘲諷他日掠百二十貫房錢，還哭窮說不易。文瑩的《湘山野錄》記載有個管理薪炭市場的小吏，在開封的繁臺寺西開了一間邸店，每天有收入數十貫。

宋代已經出現了旅店管理制度，客人需要登記，官府經常察看。《水滸傳》第十八回記載好漢智劫生辰綱，何濤負責捉拿，恰好他的弟弟何清發現了好漢們的住店記錄，何清說：「有一般賭博的引兄弟去北門外十五里，地名安樂村，有個王客店內湊此碎賭。為是官司行下文書來，著落本村，但凡開客店的須要置立文薄，一面上用勘合印信。每夜有客商來歇息，須要問他，那裡來？何處去？姓甚名誰？做甚買賣？都要抄寫在簿子上。官司察時，每月一次去里正處報名。為是小二哥不識字，央我抄了半個月。」

北宋末年，徽宗政和丁酉年（1117年）李元弼在揚州所寫的《作邑自箴》，記載做地方官的各種注意事項。卷七記載地方官嚴格管理旅店，有以下一些注意事項：

1. 需要經常打掃，保持衛生。

2. 官員、秀才住店，不得喧鬧無禮。店舍內有官員、秀才、商旅宿泊，嚴切指揮鄰保，夜間巡喝，不敢稍有疏虞。

3. 遇到可疑之人，需要報官。如果客人病重，需要尋找醫生，將病情報

───────────────

〔註3〕〔宋〕李燾：《續資治通鑑長編》卷十四開寶六年六月。

官，官府報銷醫療費用。

　　4. 客人出賣商品，開旅店的人要仔細說諭，止可令系籍有牌子的牙人交易。如果不曾說諭商旅，令不係有牌子的牙人交易，以致脫漏錢物，及拖延稽滯，其店戶當行嚴斷。商人在店內出賣係稅行貨，要先到稅務印稅訖，方得出賣。以防無圖之輩，恐嚇錢物。客旅不得信憑牙人說作，高抬價錢，賒賣物色，前去拖墜不還。不若減價，見錢交易，如是久例。賒買者須立壯保，分明邀約。

　　宋末元初的陳元靚在《事林廣記》之中，提醒外出的旅客，尋找旅店的注意事項，住店之前要看附近是否還有旅店，是否靠近人家，店內是否水清米白，用具齊全。店主和顏悅色，才可住宿。先讓僕人到房內檢查，不必有窗，防止有強盜破窗而入。看床下是否有物品，牆壁是否牢固。如果是樓上，要看地板是否完密，方可安頓行李。

第四節　柵寨門的水路

　　因為作者住在永寧驛，所以他似乎更關心金陵城內偏西的部分，圖上畫出了西部的龍光門和柵寨門，但是沒有畫東水門。柵寨門是設有柵寨的水門，《景定建康志》卷二十《城闕》記載宋代金陵城的八個城門：「今府城八門，由尊賢坊東出，曰東門。由鎮淮橋南出，曰南門。由武衛橋西出，曰西門。由清化市而北，曰北門。由武定橋，泝秦淮而東，曰上水門。由飲虹橋沿秦淮而西，出折柳亭前，曰下水門。由斗門橋西出，曰龍光門。由崇道橋西出，曰柵寨門。」

　　柵寨門有閘，卷十九《池塘》：「柵塘在秦淮上，通古運瀆，不詳其始（《舊志》）。事蹟：《實錄》注，吳時夾淮立柵，號柵塘……梁天監九年，新作緣淮塘，北岸起石頭，迄東冶南岸，起後渚籬門，達於三橋，作兩重柵，皆施行馬。至南唐時，置柵如舊……其後置閘，泄城內水入於江，俗呼為柵寨門。乾道五年，史公正志重修，後廢。景定元年，馬公光祖重建，詳見《城闕志》。」

　　柵寨門的鐵柵欄，元代稱為鐵窗子，清代稱為鐵窗櫺。元代《至正金陵新志》卷一《地理圖考·舊建康府城形勢圖考》：「柵寨門在城西門近南，鑿城立柵，通古運瀆，不詳其始，復置閘以泄城內水，入於江，俗呼為柵寨門，今呼鐵窗子是也。」柵寨門的水中有鐵欄杆，所以稱為鐵窗子。

　　柵寨門的水閘可以撤去，宋高宗建炎三年（1129年）十一月，金兵從建康府西南的馬家渡渡江，江淮制置使、建康知府杜充從水門逃跑，城內的人非常恐慌，爭相逃跑，堵在水門，不能出去。市井喧嘩說杜充枉殺了不少人，杜充害怕，用銀絹十兩犒賞士兵。〔註4〕有人認為杜充所出的水門是柵寨門，我認為也有可能。但是柵寨門在《景定建康志》的《府城之圖》上明顯畫出柵欄，這幅宋代《金陵圖》上卻是船隻自由出入柵寨門。所以這幅宋代《金陵圖》的繪製時間很可能是在紹興和議之後的和平時期，柵寨門的柵寨一時沒有恢復，此時比較安定，所以柵寨門也可以有船自由出入。

　　宋代《金陵圖》上的西門和柵寨門水門之間有圍牆，有一個小門通往柵寨門水門，這個小門原來應該是官軍出入之地。但是圖上有一個人，在其中出入，看這個人的打扮是赤膊，半露上身，從服裝來看也不像是官軍。證明畫這幅圖時，建康府的官員沒有認真監管水門，這很可能是建炎末年建康大潰敗之後的景象，直到紹興初年，仍然未能有效監管。

楊大章摹本《金陵圖》的西門和柵寨門

　　柵寨門流出的秦淮河北支河流，在宋高宗末年或宋孝宗初年竟然被權貴人家攔截，流入自己家的園林，上游水大則下游泛濫，所以乾道元年（1165

〔註4〕〔宋〕李心傳：《建炎以來繫年要錄》卷二十九。

年）的建康知府張孝祥上書，請求恢復故道。《景定建康志》卷二十記載：「乾道元年正月十四日，敷文閣待制、知建康府張孝祥言，秦淮之水流入府城，別為兩派，正河自鎮淮新橋直注大江。其一為青溪，自天津橋，出柵寨門，亦入於江。緣柵寨門地，近為有力者所得，遂築斷青溪水口，創為花圃，以為遊人宴賞之地。因循至今，每水源暴至，則泛濫漫蕩，城內居民，尤所被害。若訪古而求使青溪，直通大江，則建康永無水患矣。詔汪澈指定以聞，其後澈言欲於四圍，依曩時河道開濬，使水通柵門入江，從之。時孝祥已罷，澈帥建康。」看來在紹興末年，柵寨門確實失去有效管理，連從柵寨門流入長江的秦淮河支流都被攔截到私人園林中去了。

這些住在秦淮河北支下游的權貴，應該是在今冶山之東，今天還有王府大街，南唐時的皇甫暉也住在冶山之東。皇甫暉原來是北方人，在後唐任陳州刺史，後晉時是密州刺史，天福十二年（947 年）契丹滅後晉時逃往南唐，在南唐任任歙州刺史、神衛都虞候，後任奉化軍節度使，加同中書門下平章事。後周世宗柴榮顯德三年（956 年），後周攻掠淮南，皇甫暉兵敗被擒，傷重而亡，證明唐宋時期很多權貴住在這附近。

宋代《金陵圖》上的柵寨門內秦淮河北支，水勢很大，有大船進入，不像是宋孝宗初年的場景，所以宋代《金陵圖》的繪畫時間或者在宋高宗中期，或者宋孝宗末年秦淮河北支的故道恢復之後。

第五節　長江上的三種船

宋代《金陵圖》上的西門外，其實是長江的汊道，現在已經縮窄為所謂的外秦淮河下游。現在南京的河西部分，原來是長江之中的沙洲，這片沙洲在六朝時期還不大，唐代李白《登金陵鳳凰臺》詩云：「三山半落青天外，一水中分白鷺洲。」白鷺洲是指金陵城西長江中的沙洲，是李白向西看到的景象，不是今天城內東南小小的白鷺洲公園。這片沙洲在唐宋時期擴展，明清時期已經很大，使得長江的汊道變成了外秦淮河的下游。

沙洲東側的長江汊道，稱為小江，孫權看中這條小江能夠停泊很多戰船，因而定都南京，西晉陳壽的《三國志・張紘傳》裴松之注引《獻帝春秋》說孫權在京口（今鎮江）對劉備說：「秣陵有小江百餘里，可以安大船，吾方理水軍，當移據之。」孫吳是依靠水軍建立的國家，所以特別重視戰船。

　　宋代《金陵圖》上的長江船隻分為三種，一種是漁船，最左側是兩條船，一隻船上有漁網，另一隻船上有很多捕魚的鸕鷀。旁邊的岸邊，還有一個人搭了一個釣魚的棚子。

楊大章摹本《金陵圖》的漁船

　　其右側有兩條船，這是渡船，因為有一條船上坐了三個人，加上搖櫓的艄公，已經擠滿了這條小船。圖上渡船的下方有五個站立的人，這顯然是在等候渡船的客人。在渡船的上方又有一條船，船上只有兩個水手，不知是不是渡船，不像是打魚的船，沒有漁網和鸕鷀。或許是因為前一條船裝滿了客人，這一條船上暫時沒有客人。

　　再右側是兩條很大的船，這是在長江上遠程航行的江船。桅杆上的帆已經卸下，舵很大，纜繩繫在岸邊的樹上。有一個人在船尾，應該是舵工。有一個人在船的中間，整理貨物。還有兩個人在岸邊，好像要從跳板登船。

　　在這兩條大船的下方，有三個人挑著扁平的桶，不知道這些桶裏放的是不是來自江邊的水鮮，正要進城去賣。孟元老《東京夢華錄》卷四《魚行》：「賣生魚則用淺抱桶，以柳葉間串清水中浸。」雖然是北宋的開封，但是南方也應該同樣是用淺桶。

　　南京得益於便利的長江水運，六朝時代更靠近長江入海口，有很多海外的商船到南京，也有南京人到海外經商。《晉書》卷二十九《五行志》記載海潮多次湧入南京城西的石頭城，其中孝武帝太元十七年（392）：「六月甲寅，濤水入石頭，毀大航，漂船舫，有死者。」元興三年（404年）：「二月庚寅夜，濤水入石頭。商旅方舟萬計，漂敗流斷，骸骴相望。江左雖頻有濤變，未有若

斯之甚。」可見南京城西的商船很多，有時也有來自海外的商船，《南齊書》卷三十一《荀伯玉傳》說齊世祖為太子時任用張景真：「又度絲錦與崑崙舶營貨，輒使傳令防送過南州津。」崑崙舶是來自南洋的海船，南洋人被稱為崑崙。很多人與南洋商船貿易絲錦，證明南京很早就是海上絲綢之路上的重要城市。

楊大章摹本《金陵圖》的渡船和江船

　　唐代著名詩人張籍《賈客樂》詩云：「金陵向西賈客多，船中生長樂風波。欲發移船近江口，船頭祭神各澆酒。停杯共說遠行期，入蜀經蠻遠別離。金多眾中為上客，夜夜算緡眠獨遲。秋江初月猩猩語，孤帆夜發瀟湘渚。水工持楫防暗灘，直過山邊及前侶。年年逐利西復東，姓名不在縣籍中。農夫稅多長辛苦，棄業寧為販寶翁。」這首詩說金陵（南京）向西的商人，從小生長在船上，他們的姓名不在州縣戶籍中。他們獲利很多，以錢多的人為上客，夜晚因為算帳而很晚才睡。他們的活動範圍能遠到四川，經過很多蠻夷地方，包括湖南瀟湘之地。水工持楫，害怕暗灘，說明很多人在江上失事，這正道出了南京這艘唐代沉船失事的可能原因。

　　李肇《唐國史補》卷下：「江湖語云：水不載萬。言大船不過八九千石。然則大曆、貞元間，有俞大娘航船最大，居者養生、送死、嫁娶悉在其間，開

巷為圃，操駕之工數百，南至江西，北至淮南，歲一往來，其利甚博，此則不啻載萬也。」俞大娘的大船來往於淮南節度使所在的揚州與江西之間，船上的人可以很久不下船，獲利很多，印證張籍詩歌所說商人生長在船上。俞大娘的船能造這麼大，需要很多錢，養活這麼多人，還能獲取高額利潤，很可能是從事私鹽或瓷器、珠寶販賣，這是最暴利的行業。

戴叔倫《撫州對事後送外生宋垓歸饒州覲侍呈上姊夫》詩云：「淮汴初喪亂，蔣山烽火起。與君隨親族，奔迸辭故里。 京口附商客，海門正狂風。憂心不敢住，夜發驚浪中。雲開方見日，潮盡爐峰出。石壁轉棠陰，鄱陽寄茅室。 淹留三十年，分種越人田。」金壇人戴叔倫在江淮戰亂中，乘京口商人的船，很快就到鄱陽，說明唐代長江口的船能一直開往江西。

李白《長干行》詩云：「同居長干里，兩小無嫌猜。十四為君婦，羞顏未嘗開……十六君遠行，瞿塘灩澦堆……早晚下三巴，預將書報家。相迎不道遠，直至長風沙。」這首詩說從小生長在長干里的一對小夫妻分別，丈夫去巴蜀經商，妻子希望他早點回家，妻子願意去長風沙迎接。長風沙在今安慶，這也印證了南京的商船能到巴蜀。杜甫《絕句》詩云：「窗含西嶺千秋雪，門泊東吳萬里船。」說的也是來自吳地的商船到成都。

崔顥《長干曲》詩云：「君家何處住，妾住在橫唐。停船暫借問，或恐是同鄉。家臨九江水，來去九江側。同是長干人，生小不相識。」橫唐應該是南京城南的橫塘，這首詩說兩個來自南京的船商在江西九江相逢，但是從來不認識，說明很多南京的船商到了長江中游。

李益《長干行》詩云：「憶妾深閨裏，煙塵不曾識。嫁與長干人，沙頭候風色。五月南風興，思君下巴陵。八月西風起，想君發揚子。去來悲如何，見少離別多。湘潭幾日到，妾夢越風波……自憐十五餘，顏色桃花紅。那作商人婦，愁水復愁風。」這首詩說南京長干里的商人妻子，經常在沙頭等候信風，五月南風起，期盼丈夫從巴陵（今岳陽）開船向北。八月西風起，期盼丈夫從揚子（今揚州）開船向西。詩中還說到長沙附近的湘潭，因此我們不難推測，他的丈夫很可能是把長沙窯瓷器運到揚州出口的商人。一般女子很少上船，但是妻子願意去長風沙等丈夫，說明來往於唐代南京和安慶之間短途貿易的商船比長途貿易的商船還要多很多，所以女子也容易上船去安慶。

張籍《春江曲》詩云：「長干夫婿愛遠行，自染春衣縫已成。妾身生長金陵側，去年隨夫住江北。春來未到父母家，舟小風多渡不得。欲辭舅姑先問

人，私向江頭祭水神。」這首詩說的長干里商人的妻子生長在金陵，隨丈夫去江北，或許就是去著名的海港揚州。

丁仙芝《江南曲》詩云：「長干斜路北，近浦是兒家。有意來相訪，明朝出浣紗。發向橫塘口，船開值急流。知郎舊時意，且請攏船頭。昨暝逗南陵，風聲波浪阻。入浦不逢人，歸家誰信汝。未曉已成妝，乘潮去茫茫。因從京口渡，使報邵陵王。始下芙蓉樓，言發琅邪岸。急為打船開，惡許傍人見。」這首詩說，長干里的商人從金陵開船去京口（今鎮江），說明來往於南京與鎮江、揚州一帶的商人很多。

白居易的《鹽商婦》詩云：「鹽商婦，多金帛，不事田農與蠶績。南北東西不失家，風水為鄉船作宅。本是揚州小家女，嫁得西江大商客。綠鬟富去金釵多，皓腕肥來銀釧窄。前呼蒼頭後叱婢，問爾因何得如此？婿作鹽商十五年，不屬州縣屬天子。每年鹽利入官時，少入官家多入私。官家利薄私家厚，鹽鐵尚書遠不知。」這首詩說揚州的一個女子嫁給西江大商人，經營私鹽而成巨富，因而過上了奢侈的生活。這些鹽商來往於長江下游和江西之間，長年住在船上，順著風水，四處為家。江西歷史上不產鹽，一直需要來自江蘇的海鹽。

張籍《江南行》詩云：「江南人家多橘樹，吳姬舟上織白苧。土地卑濕饒蟲蛇，連木為牌入江住。江村亥日長為市，落帆度橋來浦裏。清莎覆城竹為屋，無井家家飲潮水。長干午日沽春酒，高高酒旗懸江口。娼樓兩岸臨水柵，夜唱竹枝留北客。江南風土歡樂多，悠悠處處盡經過。」他說長干里的市場很繁榮，有來自北方的客商。這裡有很多人家連接木排居住，沒有地方挖井，飲用混入海潮的水。這些北方來的商人很可能是從大運河南下，經過揚州來到南京。唐代南京臨江有著名的孫楚酒樓，李白的《玩月金陵城西孫楚酒樓，達曙歌吹，日晚乘醉》也有提及。

唐代的南京城西還有臨江驛，張謂詩《登金陵臨江驛樓》云：「古戍依重險，高樓見五梁。山根盤驛道，河水浸城牆。」這首詩中提到古代的工事，還有城牆和山丘，很可能是指今清涼山的石頭城，其西正是長江。岑參《送許子擢第歸江寧拜親因寄王大昌齡》詩云：「建業控京口，金陵款滄溟。君家臨秦淮，傍對石頭城。」秦淮河注入長江處靠近石頭城，也有海潮，所以說金陵靠近大海。因為靠近鎮江和揚州的長江入海口，所以說建業控京口。

現代在湖南長沙考古發現的唐代長沙窯瓷器，有很多寫有詩文，其中一

個寫有詩云：「一別行千里，行時未有期。月中三十日，無夜不相思。」這首詩的意境，非常類似上文所引的唐代詩歌，都是描寫唐代長江上的商人愛情。但是這首詩寫在長沙窯的瓷器上，更證明了很多唐代長江上的情詩，源自湖南和揚州、南京之間繁忙的貿易。

宋代的長江沿岸有三元水府神，上元水府廟在江西彭澤縣的馬當山，中元水府廟在太平州當塗縣的牛渚磯，下元水府廟在鎮江，最初在金山，元豐年間遷到西津渡。〔註 5〕三元水府的體系很可能在唐代已經形成，反映了鎮江、揚州和江西之間緊密的航運聯繫。

這幅宋代《金陵圖》上的江岸之西恰好畫出了一座小廟，這座廟雖然很小，但是非常高，其中有兩個神像，是老翁和老婦的形象。廟門口有六根旗杆，門前有五個人正跪在地上祭祀，前面放滿了貢品。這座廟比較高大，不像是村中的土地廟，很可能就是水神廟。宋代的沙洲還很低窪，容易發生水災，來往的船民商旅也非常重視長江的水神。

楊大章摹本《金陵圖》河西的廟宇

〔註 5〕黃純豔：《宋人水上旅行的祭祀活動》，蘇智良主編：《海洋文明研究》第二輯，中西書局，2017 年，第 42～43 頁。

　　我們在民國時期的南京地圖上可以看到水西門外大街的西部有萬壽庵、大士茶亭、甘露寺。再往西南，到了長江邊上的上新河鎮有水府祠。水府祠的位置雖然比較遠，但是歷史可能比較早。

　　上新河是來自長江中上游的江西和湖廣商人聚集之地，有很多木材商的住宅和木材場。我在此前的著作之中對南京城西來自長江中游的木材商人和會館有所考證，[註6]其實這種傳統早在唐代已經形成，楊吳建設西都金陵府時，木材應該是來自長江中游。《景定建康志》卷十九《洲浦》：「簰槍洲，在城西南三十五里，周回一十七里。南唐保大中，治宮室，取材於上江。成巨筏，至此時，會潮退。為浮沙所沒，漲成洲渚。至國朝景德三年，南岸潰出大枋木二十餘條。」南唐建造宮殿，木材來自上游。

第六節　河西的圩田

　　宋代《金陵圖》上的廟宇再往西，有一個很大的湖泊，這就到了古代南京河西的湖泊群，非常寫實。從清代和民國時代的南京地圖上，可以看到水西門外有大量湖泊，水西門外大街的北側有莫愁湖，南側有南湖，再往南有白鷺湖，旁邊還有很多小湖。江東門的西側有千家大塘，西南還有很多小湖。莫愁湖的北部有絞瓜湖，源自茭瓜（茭白），再往北有東頭湖、中湖、西頭湖等湖泊。這些湖泊原來都是沙洲之間的河道，最早是長江汊道和長江主乾道之間的一些通道，日久淤塞成湖泊，現在很多湖泊已經消失。

　　宋代《金陵圖》的這個大湖的西南有一頭水牛，正要走進湖泊。湖的東北部又有三頭牛，再往北還有兩頭牛。這兩頭牛的中間路上，有一個插秧的秧馬。秧馬是江南人發明的插秧工具，是用木頭做成的板凳，下方類似滑板，兩頭稍微翹起，可以在水田泥地上滑行，人坐在上面插秧不累。秧馬的上方可以是一整塊木板，也可以把中間掏空，形成和人體垂直的長條形孔洞，便於襠部透氣，更適應人的身體構造。但秧馬的中間無論是否掏空，都不是像《金陵圖》上的秧馬是兩邊沒有木板，否則人無法騎在上面。

　　楊大章和馮寧摹本的秧馬都畫錯了，證明宋代《金陵圖》的原圖很可能就畫錯了。秧馬的這個明顯錯誤，或許能證明這幅圖的作者是北方人，而且來到南方的時間還不長，很可能是一個在南宋初年才逃到南方的北方人。

〔註6〕周運中：《鄭和下西洋新考》，中國社會科學出版社，2013年。

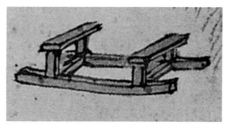

楊大章、馮寧摹本《金陵圖》的秧馬

中國農業博物館的秧馬

　　這幅宋代《金陵圖》的東郊，農舍外的一棵樹下，有一個人正在製造秧馬，這個秧馬也畫錯了。東郊的鍾山多林木，所以秧馬雖然在西郊的水田使用更多，但是在東郊製造。這更證明《金陵圖》的作者是北方人，不是南方人，他不熟悉秧馬，圖上西郊的秧馬不是筆誤或是後人臨摹錯誤。

馮寧摹本《金陵圖》東郊外造秧馬的人

　　東南部有兩個人正在趕牛，一個大人在拉牛身後的犁，一個小孩在用鞭子打牛。原來這片所謂的湖泊其實是一片正在開墾的水田，還沒有發展到圩田的地步。果然再往西，《金陵圖》就畫出一片圩田。

楊大章摹本《金陵圖》的水田

　　這片圩田在圖的最左側，中間有堤壩分隔。田中的稻穀都已經被收割，只有根部殘留。收割的稻穀正在田的旁邊，被四個人在加工，兩個人在用連枷捶打，兩個人在翻動已經打好的麥穗。這個場景非常重要，說明這幅圖的繪畫時間是在秋季，大概是在稻穀收割時候。

　　田地的上方有一處農舍，有人在舂米，遠方的房子內還有兩個婦女手持米籮在篩米，從打穗到舂米、篩米是一系列加工流程，都在圖上得到完滿的反映。農舍的右側有幾個小孩和老人，一個小孩在給老人捶背，還有一個小孩在旁邊扇扇子，還有一個小孩在上面打鬧，旁邊還有一個更老的老人手拄拐杖。這是一副天倫之樂的場景，顯然發生在和平年代。

　　房舍的遠方還有一條小河，上面有板橋，這條小河是沙洲之間的河道，原來也是長江的汉道。古代農村的安寧祥和生活場景，都在《金陵圖》上被描繪出來了。宋代的江南不僅是佳麗地，也是出才子的地方，其經濟基礎是高效而且高產的農業。

　　清代和民國地圖上的南京城西有很多圩，有的地名保留到現代。這些圩都是圩田，圩田建在長江流域的低窪地方，四周用堤壩圍起來，圩田源自圍田。堤壩的中間有閘門，可以調節水量。江東門的西北有老北圩、上北圩，西側是談家圩。江東門的西南部有韭菜圩、盧家圩，南側有小圩、所圩，東南部有尖角圩、南圩、沈家圩、廠圩，東北部有護城圩。

楊大章摹本《金陵圖》的圩田

宋代的建康府有很多圩田,最著名的是溧水縣南部的圩田,主要在今天的高淳,地勢低窪。《景定建康志》卷十六記載:「濱湖之地,皆堤為圩田。」明孝宗弘治四年(1491年)設高淳縣,原屬溧水縣。

宋代還有很多建康府的圩田詩,《景定建康志》卷三十七記載了劉彥沖的《圩田》詩云:「周遭圩岸繞金城,一眼圩田翠不分。行到秋苗初熟處,翠茸錦上織黃雲。」又:「古來圩岸護堤防,岸岸行行種綠楊。歲久樹根無寸土,綠楊走入水中央。」第一首詩描寫的恰好是秋收時節的圩田,也是《金陵圖》的景象。第二首詩描述圩田的堤壩用楊樹來加固,天長日久,樹根仍然被水沖刷,楊樹泡在水中央了。可見如果不種樹,則水勢更大。

又記載了劉彥沖的《圩丁詞十解》,序言說:「江東水鄉,堤河兩涯,而田其中,謂之圩。農家云圩者,圍也。內以圍田,外以圍水。蓋河高,而田反在水下。沿堤通斗門,每門疏港以溉田。故有豐年,而無水患。余自溧水縣南一舍,所登蒲塘河,小舟至孔鎮,水行十二里,備見水之曲折。上自池陽,下至當塗,圩河皆通大江。而蒲塘河之下十里所,有湖曰石臼,廣八十里。河入湖,湖入江,鄉有圩長,歲晏水落,則集圩丁,日具土石,捷災以

修圩，余因作詞，以擬劉夢得竹枝柳枝之聲，以授圩丁之修圩者歌之，以相其勞云。」

詩云：「圩田元是一平湖，憑仗兒郎築作圩。萬雉長城倩誰守？兩堤楊柳當防夫。何代何人作此圩，石頑土膩鐵難如。年年二月桃花水，一律流歸石臼湖。上通建德下當塗，千里江湖繚一圩。本是陽侯水精國，天公勑賜上農夫。南望雙峰抹綠明，一峰起立一峰橫。不知圩裏田多少，直到峰根不見塍。兩岸沿堤有水門，萬波隨吐復隨吞。君看紅蓼花邊腳，補去修來無水痕。年年圩長集圩丁，不要招呼自要行。萬杵一鳴千畚土，大呼高唱總齊聲。兒郎辛苦莫呼天，一日修圩一歲眠。六七月頭無點雨，試登高處望圩田。岸頭石板紫縱橫，不是修圩是築城。傳語赫連莫蒸土，霸圖未必賽春耕。河水還高港水低，千枝萬派曲穿畦。斗門一閉君休笑，要看水從人指揮。圩上人牽水上航，從頭檢點萬農桑。即非使者秋行部，乃是圩翁曉按莊。」

宋代溧水縣南部的石臼湖多圩田，鄉有圩長，在水少的季節，集合村民修築堤壩。水聽從人的指揮，所以產量增加。

臺北故宮博物院藏宋代趙士雷的《江鄉農作圖》，在圖上的多個地方出現了圩田，左側和右側的圩田中間都有耕牛，左側和中間的圩田都有人在腳踏水車，圖上的圩田都在水面中間。

傳世宋代畫作有一幅《耕穫圖》，這幅圖上的場景和《金陵圖》的河西部分非常類似，也是圩田，也有小橋，也有農舍，有人在田中割稻，有人在場上打穀，有人在用水車提水，這也是一幅江南的風景。

元代王禎的《農書》也有一幅《圍田》圖，但是因為版刻畫不如毛筆劃精緻，所以圖上的人物很少，但是顯示除了圍田（圩田）之間的堤壩，畫出了農舍，沒有畫小橋和水車，這幅圖上被有的著作誤認為是梯田圖。其實梯田和圩田有很大的不同，梯田因為修建在山坡上，所以一般都是比較狹長，而圩田都是在地勢低窪的地方，所以才有大片的田地。原圖的名字是《圍田》，而且畫的田地都比較大，所以不可能是梯田。

宋代《耕穫圖》、元代王禎《農書》的圍田（圩田）圖

宋代《金陵圖》上，有兩處出現了賣蓮蓬的攤子，一處是在西門內瓦子的東側，前面有三個小孩，兩個小孩還蹲在攤子旁的地上，手拿蓮蓬。一個小孩已經拿著蓮蓬，走到了路上，顯然已經買好。令人想到了辛棄疾《清平樂·村居》中的一句詞：「最喜小兒無賴，溪頭臥剝蓮蓬。」

旁邊有人在飯館的門口賣水果，瓦子的西側有人在賣桃子，還有一個人在賣鮮魚。另一處是在錦繡坊附近的飯館門口，同時也賣桃子等水果，按照畫這幅圖的季節來看，賣的是秋季的桃子。

兩個蓮蓬和水果攤都在飯館門口，西門內的飯館門口還懸掛有風鴨、風魚、風豬腿，或許都是來自西郊江邊的產品。

鮮魚很可能也是來自金陵城西的長江和沙洲，所以這處魚攤在西門之內。桃子和蓮蓬或許也是來自西郊，所以也在西門內販賣。西郊的沙洲空地很多，城內西部的清涼山等地也有很多果樹。

西門內的桃子攤和魚攤

西門內的飯館和攤販

錦繡坊的飯館門口

這幅宋代的《金陵圖》西門外，路上有一個人挑著擔子，各有一個大瓶子，後面的一個瓶子旁邊還掛有一隻動物的腿，從蹄子來看是偶蹄目的動物，很可能是鹿科動物或牛羊的腿，很可能也是來自西郊的沙洲，孟元老的《東京夢華錄》卷二《飲食果子》提到北宋都城開封的獐巴、鹿脯。

馮寧摹本《金陵圖》西門內的挑擔者

　　唐宋之間的五代十國時期，中原連年戰爭，成為一片丘墟，南方各國戰爭較少，蒸蒸日上。楊吳、南唐定都在金陵，成為南方九國之中最為強大的國家。金陵城西因為從晚唐以來接納了很多移民，所以人煙稠密，此時金陵城最大的變化是首次把城牆向西擴展到了長江邊上，把六朝時期還在城外的重要堡壘石頭城全部囊括到城內，所以這時的金陵城西北部比較突出。

　　從南唐入北宋的潤州丹陽人吳淑撰有筆記《江淮異人錄》，記載了一個有趣的故事：

> 　　錢處士，天祐末遊於江淮，嘗止於金陵楊某家。初，吳朝以金陵為州，築城西拋江，東至潮溝。錢指城西里余荒穢之地，勸楊買之，楊從其言。及建為都邑，而楊氏所買地正在繁會之處，乃構層樓為酒肆焉。

　　這個故事記載，晚唐天祐末年，錢處士到了江淮，住在金陵城的楊某家。楊吳的金陵城向西拓展到江邊，錢處士買了城西沙洲上的荒地，還勸楊家也買了一塊。等到楊吳定都在金陵，城西更加繁華，楊家原先買的荒地成了鬧市，建了酒樓，得利很多。這是一則古代的房地產開發的例子，錢處士看到了金陵城開發河西的前景。

　　南唐的建立者李昪，原來是楊吳權臣徐溫的養子，名叫徐知誥，他建立南唐才恢復李姓，自稱是李唐皇族，國號就是大唐，被後人稱為南唐。天祐六年（909 年），徐溫選金陵為未來都城，任命徐知誥為昇州防遏使兼樓船副使，前去開拓金陵城並操練水軍。天祐九年（912 年），徐知誥升為昇州刺史。天祐十一年（914 年）加檢校司徒，開始改建昇州。十四年（917 年）五月，新的昇州城建好，徐溫來看，非常欣賞其制度壯麗，把他的基地遷到昇州。〔註 7〕

　　因為楊吳的疆土從江淮擴展到了整個江西和湖北的東部，原來的都城揚州偏東，所以迫切需要把中心轉移到昇州。新的昇州城是樓船的基地，昇州城在唐朝末年就有非常出名的樓船，是來自淮北的泗州漣水縣人張和馮宏鐸帶來。他們原本是海盜，在唐末的戰亂之中，從海路佔據了蘇州，又佔據了昇州，最終投降了楊行密。

　　北宋路振的《九國志》卷三《田頵傳》記載：

〔註 7〕〔宋〕陸游：《南唐書》，傅璇琮等主編《五代史書彙編》第 9 冊，杭州出版社，2004 年。

> 光化末，馮宏鐸以樓櫓自將，介守上元。頵以厚利購得其工，
> 令速成大舡，工曰：「馮公每一舟，必遠求梗楠。既成，數十歲為用。
> 餘木性不禁水，非久必敗。」頵云：「汝但以此地木造之，吾只圖一
> 用，不假多年爾。」因而急就，天復二年四月，果與宏鐸戰於葛山，
> 宏鐸大敗，舉族奔淮海，遂以上元地歸行密。

楊吳的大將田頵用重金聘到馮宏鐸的船工，要造樓船，船工說馮宏鐸造船必求遠方的梗楠巨木，數十年不壞，其他木料不耐水泡，不久必壞。田頵只求簡單造船，最終和馮宏鐸在葛山大戰，馮宏鐸大敗，投降楊行密。馮宏鐸對造船極其講究，其造船的木料應該來自長江中上游的山區，說明唐末的南京和長江中上游有密切的商貿關係。南京在晚唐五代時期的軍事地位是由漣水縣的海盜奠定，南唐的建立者李昇不過是得了前人的便利。

明代南京人顧起元的《客座贅語》卷九《石城》條說：

> 南都城，圍九十里，高堅甲於海內。自通濟門起至三山門止
> 一段，尤為屹然。聚寶門左右，皆巨石砌至頂，高數丈，吾行天
> 下，未見有堅厚若此者也。陸游《老學庵筆記》言：「建康城李景
> 所作，其高三丈，因江山為險固，其受敵惟東北兩面，而壕塹重
> 複，皆可堅守。至紹興間已二百餘年，所損不及十之一。」按志
> 言，國初拓都城，自通濟門東轉北，而西至定淮門，皆新築。通
> 濟門以西至清涼門，皆仍舊址。然則前所言堅固巨石者，當猶是
> 景之遺植也。〔註8〕

明代南京是國內最大的城市，從通濟門到三山門的一段尤其堅固，南門聚寶門都是用巨石建成，今天這一段仍然非常堅固，下面可以看到巨石。這一段城牆是南唐建立，其實基礎是在楊吳。南宋的陸游認為是南唐中主李璟所建，其實是李璟的父親李昇所建。到南宋紹興年間，已經過去兩百年了，損壞的地方不足十分之一。明代把南京城向北大幅拓展，明代的新建的城牆主要是用磚，看上去還不及更早的楊吳城牆。

我們看到宋代《金陵圖》的東門甕城外側的城牆，底部有高大的土臺，城牆的基部還有巨大的石塊突出在外側，確實很堅固。

周應合在《景定建康志》卷五的《辨建鄴》一文中，指出：「又一說，龍

〔註8〕〔明〕顧起元撰、譚棣華、陳稼禾點校：《客座贅語》，北京：中華書局，1987年，第294頁。

川陳亮，上孝宗皇帝書，有曰今之建鄴非昔之建鄴。或者又執此語，以為建康非建鄴之證，謬尤甚焉。龍川所謂建鄴今昔之異者，指其城郭而言耳，非言其地之非昔也……蓋建鄴古都城，實倚鍾阜，而都城南門距秦淮尚七八里。此吳、晉之舊規，龍川所謂昔之建鄴也。偽吳時，徐知誥大城升州，拓舊址二十里，跨秦淮南北之地，盡入城中。北距鍾山甚遠，而南距雨花、長干諸山則甚迫矣。知誥據此以為南唐之偽都。皇朝既平江南，即南唐故府以為州治，今城郭皆知誥之舊。此龍川所謂今之建鄴也，謂建鄴今城非昔城則可。謂建鄴今地非昔地則不可，因為此辨，以正或者之謬。」

　　南宋著名學者陳亮（號龍川），提出古今建鄴城不同，指的是古今的城牆有所變化。周應合進一步指出楊吳時的徐知誥改變了原來的建康城格局，向南拓展二十里，到了秦淮河以南。不過所謂六朝建鄴城原來靠近鍾山，其實也不對。六朝建鄴城的東北部離鍾山也很遠，徐知誥向南方和西方拓展建鄴城，在東北部的變化不大。

第三章　金陵城中市井

第一節　市井百態

　　宋代《金陵圖》畫出了街市上的各色人等，其中有很多商販，正所謂：天下熙熙，皆為利來，天下攘攘，皆為利往。

　　在西門內瓦子的東南方，有一個人賣茶水，把茶盤頂在頭上，盤子裏的茶碗還能安安穩穩，顯然他已經走街串巷多年，如若無物。

馮寧摹本《金陵圖》的清化橋西南方

　　清化橋西南方，打釘巷的鐵匠鋪的東頭，有一個臨街的棚子，這也是一個簡單的茶水鋪子，有一個人在給人倒水，一個人坐在桌旁喝水，還有一個人在從大木桶裏舀水喝。前方還有一個人面前的桌上放有一個茶杯，但是他已經喝好，轉頭在看縴夫拉河中的大船，可能是他聽到了縴夫高亢嘹亮的號子，想看看這艘船是從長江中上游的什麼地方來，裝了什麼商品。

　　在這個茶水鋪子的南面，有一個人左手托盤，盤中放滿了饅頭，右手挎著一個竹籃，籃中還有很多饅頭。他前面有一個老頭，跟著兩個小孩，這個老頭正攔著這個小販，要給小孩買幾個饅頭。

　　在他們的東側，還有一個小販，手拿一個大木頭盒子，盒子裏分成一個個橫欄，每一個橫欄上都插了一些竹木的簽，簽上似乎有一個個五顏六色的小對象，應該不是小孩的玩具，或許是婦女的頭飾。因為他的東南方，有一個婦女站在房子的前面，正在和他說話。如果是小孩的玩具，應該是放在貨郎的架子上，下面我們會看到。這個小販的身上還背著一個很大的包裹，這個包裹很長，裏面的東西四四方方，顯然也是和他手上一樣的大木頭盒子，說明他的身上背著不少這樣的商品，他一天能賣出去不少。

　　孟元老《東京夢華錄》卷三《相國寺內萬姓交易》記載：「占定兩廊，皆諸寺師姑賣繡作、領抹、花朵、珠翠頭面、生色銷金花樣襆頭帽子、特髻冠子、條線之類。」頭面就是頭上和臉上的飾品，卷三的《諸色雜賣》也提到博賣冠梳領抹、頭面衣著。

　　清化橋以西的商販還不是很多，清化橋以東更多。

　　錦繡坊的東南，靠街的地方有三個很大的傘，傘的下面有一個很大的獨輪車，這個獨輪車的裝飾比普通的獨輪車繁雜，顯然是為了吸引顧客注意。車上的木頭架子上放了一些瓷碗、瓷盆，似乎是在賣一種飲料。他的身後還有兩個大木桶，裏面還有不少飲料。有一個人，正在拿碗買飲料。旁邊有一個人，手拿芭蕉扇，說明正在夏末秋初，天還很熱。

　　孟元老《東京夢華錄》卷二《州橋夜市》：「夏月麻腐雞皮、麻飲細粉、素簽沙糖、冰雪冷元子、水晶皂兒、生淹水木瓜、藥不瓜、雞頭穰沙糖、菉豆、甘草冰雪涼水、荔枝膏、廣芥瓜兒、醎菜、杏片、梅子薑、萵苣筍、芥辣瓜兒、細料餶飿兒、香糖果子、間道糖荔枝、越梅、掘刀紫蘇膏、金絲黨梅、香棖元，皆用梅紅匣兒盛貯。」南方的水果更多，所以金陵城內夏季的飲料種類也應該有很多。上文的木瓜不是我們今天常見的木瓜，那是來自南美洲

的熱帶水果，原本應該稱為番木瓜，是堇菜目番木瓜屬的植物。古代的木瓜是我國本土植物，是薔薇科木瓜屬的植物，也即《詩經‧衛風‧木瓜》「投我以木瓜」的木瓜。菉豆就是綠豆，這是宋代才從西域傳入中原的植物。現在夏天常見的水果西瓜是從西域先傳入契丹，此時還是中原罕見的水果。哈密瓜也還沒有在中原普及，文中提到的瓜兒是小香瓜。

　　另一個大傘的下面，有一個人正在賣水，可能是普通的清水，所以放在很普通的大木桶中。他的後方小桌上放了不少小桶，很可能是他從旁邊的河中或井中打出來的水。

　　在這兩個攤子的中間，有一對夫妻正在拉一個小孩，可能是這個小孩吵嚷著要喝飲料，父母勸他糖水喝太多會長蟲牙。

馮寧摹本《金陵圖》錦繡坊東南路上

　　在這兩個攤子前面的路上，有一個人手持麈尾，放下擔子，擔子裏似乎有很多饅頭，他正在和一個賣茶的小哥搭話，或許是買茶。

　　前面有三個人，一個人挑擔子，兩個人背行李，他們的西側路上還有一個手托木盤賣饅頭的人。他們的南面，有一個人放下擔子，擔子裏似乎是一種飲料，正在舀給一個小孩，旁邊有一個大人正在喝水。

　　再往東的路上，酒店南面的路上，有兩個小販，一個人頭上頂著的盤子裏不僅有筷籠和筷子，還有兩個器皿，其中一個中間還有瓢，還有木頭籠，這是一個賣飯或者賣點心的小販。

再往東的酒坊南面的路上，有幾個小販，一個人手持船形的籃子，兩頭翹起。他的前面有一個人手持木棍，懸掛著一些奇怪的對象。他的後方，有一個人放下擔子，正在給另一個人賣東西，似乎也是饅頭。

再往東的木匠店南面路上有一個光頭的和尚，身披袈裟，手敲木魚，身後跟著一個小童，頭髮沒剃，手拿斗笠。

他們的後方有兩個人，抬著一棵小樹，後方又有個人，挑著兩棵小樹苗，這些樹苗很可能都在來自東門外的鍾山。

他們南面的路上，有一個人手托著柳條編的笆斗，正在和另一個人站在路南面的房前說話。

馮寧摹本《金陵圖》木匠店南面路上

再往東的藥局南面路上，有一個人挑著一個瓷瓶和一個木頭架子，南宋的南京周圍似乎沒有著名的陶瓷產地，所以這個商人販賣的瓷器應該是來自江西、浙江或福建。這種折肩的瓷壺在南宋東南很多地方出產，現在還能看到少量類似的傳世物品。

他的東側，有兩個小販，肩上扛著兩個很長的木棍，棍子上有一排木頭小架子，上面似乎纏滿了絲織品，很可能是賣線的人。江南多蠶桑，所以有很多賣線的人。這兩個人走路的方向相反，似乎正在看對方的生意如何，決定自己要往哪個方向走。

南面的一個人肩頭用一個木棍背著幾個簍子，東南方有一個人腋下夾著幾個卷軸，或許是字畫。

馮寧摹本《金陵圖》藥局南面的路上

　　再往東的路上，有一個趕著四頭毛驢往西走。他的身旁還有一個人，手持哨棒，可能是他的同伴，要去押運貨物。這個人正在看另一個用毛驢運貨的人，那個人向東走。旁邊還有一個人，擔子裏裝滿了物品。

　　東南方的路南面，房屋門口，有一個大傘，有一個在傘下坐在凳子上，用他的擔子擺了一個小攤，似乎也是在賣饅頭，他的擔子上還掛有茶壺，有兩個人正在向他買東西。

　　再往東又有一個和尚，手托缽盂，正在沿街化緣。在他的北側路上，有一個人正在放下擔子休息，用一根木棍支撐著擔子，擔子裏放的似乎是瓦片，所以他很累。後面還有一個人，正在挑同樣的東西。

　　在他們南面，路南面的房屋門口，有一個人手持木棍，上面有一些物品，似乎是肉腸。

　　他們北面的路上，有一個老人，手拄著拐杖，後面跟著一個小童，腋下似乎是夾著一把傘。

馮寧摹本《金陵圖》酒坊南面的路上

　　再往東有一個人正在賣扇子，這也說明這幅圖的時間是在夏秋季節，這個人手持一個大竹竿，掛有各種扇子。

　　再往東有一個人正用勺子在舀水給另一個人，他的前面還有兩個木桶，這也是一個賣水的人。他的南面有一個竹棚，這個竹棚如果不是瓦子，就是賣水的棚子，類似清化橋西南臨街的賣水棚子。

　　再往東有一個人挑著兩個竹籠，前面露出的一個竹籠裏有兩隻雞，他的北側有一個人，擔子裏有很多蔬菜，正在和牽驢子的小孩說話，似乎是叫賣他的蔬菜。這兩個人，應該是來自東門外的農民。

馮寧摹本《金陵圖》東門內街道

　　東門內的北側路上，有一個人挑著兩個木桶。東門的甕城內，有一個人挑著很長的草葉，似乎是做蓑衣的草葉。

　　東門的外門，有一個官員騎馬經過，前面有一個僕人手持馬鞭開道。旁邊有一個人，肩頭的竹竿上掛有一個葫蘆。

　　前面有一個人，右手拄拐杖，左手提了一個羅盤，外方內圓，方圓之間分為八格，這是一個風水先生。孟元老《東京夢華錄》卷三《相國寺內萬姓交易》記載：「後廊皆日者貨術傳神之類。」日者就是打卦算命的人，其中應該也有看風水的先生。

　　再往前走，路邊跪有一個小孩，他身旁的籃子上放有一塊木板，木板上

有一些物品，他的手旁地上還有一個大碗，這是一個小販，那個碗是接錢用的碗。有一個成人正在和他說話，可能是要買他的東西。

白下橋西，有一個人趕著驢子要過橋。橋上有個人在擺攤賣茶水，另一個人手持哨棒，正在和他說話。另一個人挑著擔子，正在看他們，擔子的前頭是一個大缸，後頭是一個大筐。

馮寧摹本《金陵圖》東門口

在《清明上河圖》舊曹門（望春門）外的小河南岸，也有一個算命的攤子，掛有三個條幅，分別寫有：神課、看命、決疑。值得注意的是，算命先生的桌子上，放有一個很大的羅盤。旁邊才是筆墨紙硯，有一個人坐在旁邊請教算命先生，棚子外面還有四個人。證明在宋代的算命先生身上，羅盤是最重要的謀生工具，算命先生通常在橋頭河邊的人流密集之處。

在《清明上河圖》舊曹門（望春門）外的橋上，也有兩個小孩在乞討，手拉橋欄旁邊的人要錢，非常類似《金陵圖》，可能不是《金陵圖》刻意模仿《清明上河圖》，而是宋代生活實態。

《清明上河圖》算命先生

《清明上河圖》望春門外橋上的乞兒

第二節　酒坊

　　城市裏少不了賣酒的地方，這幅宋代《金陵圖》上也畫出了賣酒的地方，就在東大街的中間，西側是有炫麗歡門的酒樓，東側是木匠鋪。西側的房間有三個很大的蒸餾酒缸，放在土臺上面，酒缸的上方有又高又尖的竹編蓋子。酒缸的下面各有小孔，正在放出酒水，接在前面的小木桶內。門前有兩個人用驢拉的獨輪車，運來很多釀酒用的糧食。旁邊有一個人手持竹匾，正在勞動，這是還在釀造的階段。右側的大堂上，有一個人在櫃檯後面賣酒，他用木勺給一個來買酒的人舀酒。旁邊有一個小孩，手拿小碗，前面的木桶裏也放了很多酒。在他後方的屋內，也有釀酒用的大缸。門前還有一個婦女，左手拿一個小碗，右手提一個瓷壺，正在前來買酒。

馮寧摹本《金陵圖》的酒坊

　　這處酒坊是東大街現實存在的酒坊，宋代嚴格控制酒業，官府的酒庫也有對民間經營的酒樓。民間酒坊要交酒稅，也可以承包官府的酒坊，但是南方也有很多地方盛行私釀。吳自牧《夢粱錄》卷十六《酒肆》：「大抵酒肆除官庫、子庫、腳店之外，其余謂之拍戶，兼賣諸般下酒，食次隨意索喚。」官庫有正庫，其分支稱為子庫。腳店是從官庫進酒買賣，拍戶是私家釀酒的小店。《金陵圖》上的酒坊，規模較大，可能是官庫。

　　建康府城內的酒庫很多，《景定建康志》卷二十三《諸庫》記載了有行宮內的御酒庫，有公使酒庫在天津橋（內橋）側，北酒庫在天津橋南，鎮淮酒庫

在御街建業坊相對，嘉會酒庫在大木頭街，豐裕酒庫在南門外西街，龍灣酒庫在龍灣市，防江酒庫在北門外，東酒庫在上元縣之西，北酒庫在太平橋之南。

同書卷二十六《提領建康府戶部贍軍酒庫所》記載，南宋中興以來，創酒庫於建康府者，行宮一庫、本府三庫、江東安撫司二庫、淮西總領所四庫、侍衛馬軍司一庫、御前諸軍都統制司十八庫，總二十九庫。孝宗乾道中，周總領關申朝廷，置戶部贍軍酒庫所，將二十九庫併入本所。於是城內置東南西北中五庫，及嘉會、鎮淮、鳳臺三庫，城外置豐裕、龍灣兩庫，共為十庫。至寧宗嘉定年間，又在石井、韓橋、湖孰，增置三庫。理宗淳祐二年（1242年），池總領聖夫，又將在城八庫並作三庫，鳳臺、鎮淮合為一庫，東、西、北及嘉會為一庫，南、中為一庫。淳祐十二年（1252年），呂總領好問，省東、南、西、北、中五庫，城內只作嘉會、鳳臺、鎮淮三庫，其城外二庫仍舊。紹定中，趙大使善湘，又於城外創置防江一庫。淳祐初，吳制使淵，又創置激賞等五庫，此六庫皆隸沿江制置司。淳祐十一年（1251年），呂總領好問，申朝廷，將制置司六庫併入本所包認歲額，改防江為城北庫，激賞為城南庫，城西門為城西庫，靖安為龍灣新庫，天禧為南子庫。寶祐二年（1254年），將城南、西子庫，併入豐裕庫。龍灣新庫，併入舊庫。

從《金陵圖》的位置來看，似乎是內橋之南的北酒庫。內遷附近的公使酒庫原來在沿江制置使僉廳之旁，寶慶三年（1227年）才移來，在《金陵圖》繪畫的時代之後。北宋張能臣的《酒名記》記載各地美酒，江寧府的美酒有：芙蓉、百桃、清心堂。

第三節　木匠店和各種木車

宋代《金陵圖》在城內大街中心部位的一間木匠店，門口有五個工人在做木工，其中兩個人在做一個大車輪，一個人扶住車輪，一個人在用斧頭削平車輪的邊，使得這個車輪接觸地面的邊更圓滑，地上落滿了木頭屑。另有兩個人另一個大車輪旁邊，一個人蹲在地上，用鑿子鑿平車輪的側邊，另一個人手上似乎拿著一桿秤。後面有一個人在鋸木頭，他們五個人身邊還放了不少木材和工具，有錘子、斧頭、鑿子。在西南方，還有一個木頭架子。其實這個奇怪的木頭架子也是獨輪車的一部分，因為我們看到這幅《金陵圖》東

門外的酒館門口路上，有一個人手推獨輪車，他的獨輪車上就有非常類似的木頭架子，這種木頭架子方便獨輪車停下時穩定停在路上。

馮寧摹本《金陵圖》木匠店

馮寧摹本《金陵圖》東門外、城中心酒坊門口的獨輪車

　　古人常見砍斫車輪的場景，所以《莊子·天道》記載了一個斫輪的故事，說齊桓公在堂上讀書，一個叫輪扁的人在堂下斫輪，他問齊桓公讀的是什麼書，齊桓公說是聖人的書，輪扁問那個聖人死了嗎？齊桓公說聖人已經死了，輪扁說那就是古人的糟粕了。齊桓公很生氣地說，我讀書還要你來議論，如果你講不出道理，就殺了你。輪扁說，我七十歲才能斫輪，需要很高的技巧，不能傳授給我的兒子，我兒子也要老了才能做這份活。古人不知道現代的社

會，現代人讀古書有什麼用呢？

可見古代斫輪的人都是很老練的工匠，《金陵圖》上的工匠似乎很年輕。齊桓公讀書的堂下不可能有人在斫輪，也不可能公然批判齊桓公，莊子和齊桓公已經隔了好幾百年，莊子是編這個故事來諷刺儒家泥古不化。

其實獨輪車上的木頭架子，前後的兩對木腳長短不同，後面的一對稍長。木匠店門口的木頭架子畫得不精確，東門外的獨輪車也不精確，城中心酒坊。在城中心酒坊的門口，停著一輛獨輪車，車上的兩邊裝滿了釀酒的糧食，兩個人正在卸下糧食。因為糧食的車太重，所以是驢子拉。

這幅《金陵圖》上一共出現了五處獨輪車，在清化橋的南方，有一個人推著獨輪車，這個獨輪車的上方有竹篾做的圍欄，擋住當中的車輪，使車上的貨物不會碰到車輪。車上兩邊的貨物，是用繩子綁好。在城中心的大街，酒坊的門口也有一個這樣的獨輪車。這架車上沒有貨物，清楚地畫出了車上的很多細長彎曲的竹篾。

馮寧摹本《金陵圖》清化橋南、城中心酒坊對面的獨輪車

宋代《金陵圖》還在畫出了一輛賣水的平板車，車上有兩個木頭水箱，都很窄，各有一個泄水孔，有一個人在打水。說明南宋的建康府城內人很多，水井不夠用，所以才要買水。孟元老的《東京夢華錄》卷三《諸色雜賣》提到：「其供人家打水者，各有地分坊巷。」《天曉諸人入市》提到：「並粥飯點心，亦間或有賣洗面水，煎點湯茶藥者。」早上還有人賣洗臉水，這種洗臉水不知是不是普通的清水，很可能是專業的美容品，卷三《大內西右掖門外街巷》記載有張戴花賣的洗面藥。

馮寧摹本《金陵圖》的賣水車

宋代孟元老《東京夢華錄》卷三《般載雜賣》：

> 東京般載車，大者曰太平，上有箱無蓋，箱如構欄而平，板壁前出兩木，長二三尺許，駕車人在中間。兩手扶捉鞭弦駕之，前列騾或驢二十餘，前後作兩行，或牛五七頭拽之。車兩輪與箱齊，後有兩斜木腳拖夜，中間懸一鐵鈴，行則有聲，使遠來者車相避。仍於車後，繫驢騾二頭，遇下峻險橋路，以鞭唬之，使倒坐縴車，令緩行也，可載數十石。

> 官中車，惟用驢，差小耳。其次有平頭車，亦如太平車而小。兩輪前出，長不作轅木，梢橫一木。以獨牛在轅內，項負橫木。人在一邊，以手牽牛鼻繩駕之。酒正店多以此載酒梢桶矣，梢桶如長水桶，面安屚口，每梢三斗許，一貫五百文。又有宅眷坐車子，與平頭車大抵相似。但棧作蓋，及前後有構欄門，垂簾。

> 又有獨輪車，前後二人把駕，兩旁兩人扶拐，前有驢拽，謂之串車，以不用耳子轉輪也。般載竹木瓦石，但無前轅，止一人或兩人推之，此車往往賣糕及饒麋之類人用，不中載物也。平盤兩輪，謂之浪子車，唯別人拽。又有載巨石大木，只有短梯盤而無輪，謂之癡車，皆省人力也。

最大的太平車，在《金陵圖》上也出現了，在金陵城東郊的鄉野，前面

有三頭牛、一頭驢，後面有一頭牛，防止下坡太快。車上坐有一個人，前面有三個人在趕車。太平車是文人的雅化，其實就是大平車。

小一號的是平頭車，僅有一頭牛拉車。平頭車經常為酒店使用，賣酒的桶類似賣水車的桶，都比較細長。《金陵圖》上的賣水車，是有兩個車輪的驢車，是平頭車。

獨輪車又名串車，一般是做小生意的人使用。如果是兩個輪子，稱為浪子車。如果是低矮的輪車，稱為癡車。

馮寧摹本《金陵圖》的太平車

在《清明上河圖》的舊曹門（望春門）內的久住（旅店）王員外家門口，有一個驢車，車上有兩個大木桶，這是平頭車。在《清明上河圖》的劉家香藥鋪和楊家診所之間，還有兩個驢車，是坐人的車。

《清明上河圖》的平頭車

在舊曹門（望春門）內的孫羊正店附近弓箭鋪門口，出現了兩頭毛驢拉的獨輪車，裝滿了貨物，有三個車夫。在舊曹門外的橋上，有一頭毛驢拉的獨輪車，有兩個車夫。

在橋的東面，有三頭牛拉的太平車。從第一輛車的後面可以看到，裏面坐的是人，這是孟元老所說的宅眷坐車子。道路恰好在此處有轉彎，牛車也在轉彎，使我們恰好看到車內的人，這是畫家的巧妙安排。

再往東不到五丈河小橫橋的街上，又有兩輛類似的車，車蓋不同，更加高級，也是宅眷坐車子。南斜街的那輛車往北走，後面有一個人騎在馬上，顯然是男人，車內坐的是女人。

再往東的五丈河小橫橋南面的路上，有兩輛獨輪車，一輛有一頭驢拉，另一輛是人推。過了小橫橋，橋的北面也有一輛驢子拉的平頭車，類似楊家診所門口的平頭車。

再往東，停有很多糧食船的地方，五丈河北岸的道路西側酒店門口，也有一輛獨輪車，有兩頭毛驢拉，車上有貨物，貨物上覆蓋的是文書，非常類似望春門橋上的那輛毛驢拉的獨輪車。

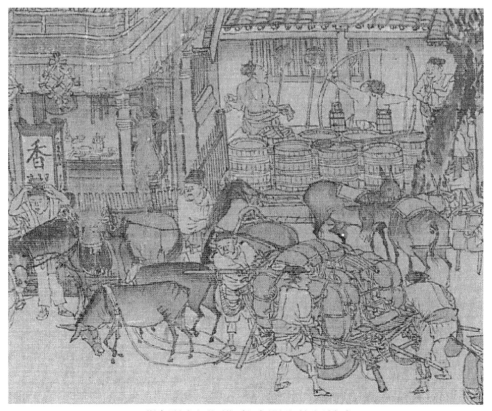

《清明上河圖》望春門內的獨輪車

《清明上河圖》望春門橋上的獨輪車

《清明上河圖》望春門橋東的宅眷坐牛車

《清明上河圖》南斜街的宅眷坐牛車

《清明上河圖》小橫橋南部的獨輪車

《清明上河圖》運糧船北部的獨輪車

　　在《水滸傳》第十五回，梁中書給蔡太師送生辰綱，著落大名府差十輛太平車子。帳前十個廂禁軍，監押著車。每輛上各插一把黃旗，上寫著：獻賀太師生辰綱。每輛車子，再使個軍健跟著。

　　第六十回說盧俊義要去泰安，叫僕人李固覓十輛太平車子，裝十輛山東

貨物。李固討了十輛太平車子，喚了十個腳夫，四五十拽頭口，把行李裝上車子，行貨拴縛完備。

宋代稱獨輪車為江州車，《水滸傳》智劫生辰綱的好漢手推獨輪車，楊志看見松林裏一字兒擺著七輛江州車兒。宋代高承《事物紀原》認為江州車是諸葛亮創造，就是木牛流馬。有人認為江州車的名字源自漢代的江州縣（在今重慶），但是這個說法很可能是牽強附會，因為江州縣的名字在西魏就已經消失，不可能在五百多年之後的宋代再忽然冒出來。《隋書》卷二十九《地理志上》巴郡江津縣：「舊曰江州縣，西魏改為江陽，置七門郡。開皇初郡廢，十八年，縣改名焉。」西魏改江州縣為江陽縣時，位置可能也有移動。四川多山路，不太可能產生獨輪車。四川人多用竹蔓和扁擔，所以產生俗稱為擔擔的挑夫。

六朝的江州在今江西，隋唐的江州在今九江，所以江州車很可能源自江西或長江中下游。北宋江西吉安人曾敏行的《獨醒雜志》卷九記載：「江鄉有一等車，隻輪兩臂，以一人推之，隨所欲運。別以竹為箰載，兩傍束之以繩。幾能勝三人之力，登高度險，亦覺穩捷，雖羊腸之路可行。」這就是獨輪車，《獨醒雜志》卷二：「豫章晷漏，乃曾南仲所造。南仲自少年通天文之學，宣和初登進士第，授南昌縣尉……其學惜無傳焉，獨晷漏之制，其子嘗聞其大概，今江鄉諸縣亦有能造之者。」可見江鄉是指江西，這種江州車很可能源自江西，從江西北部口岸江州外傳到四方。

王安石是江西撫州人，北宋呂希哲的《呂氏雜記》說王安石出門，喜歡坐江州車。而北宋趙善璙的《自警編》卷二《儉約》記載韓琦做河北路轉運使，讓母親王太夫人坐太平車，以葦蓆為棚覆。太平車是運貨的車，韓母坐太平車，顯然是太儉樸了。

第四節　馬、牛、驢、狗

馬在宋代《金陵圖》上出現不多，除了上文提到的打釘巷和駝隊旁的兩匹馬，另外畫出的三處馬是：

1. 錦繡坊東部的酒店東南方，路上有一匹青色的馬，有人牽馬，但是看不到騎馬的人，在其西北部的酒店門口，有三個人在談話，當中的一個人，身穿紅袍，像個官員，應該就是騎馬的人，另外兩個人身穿普通服裝，向他

彎腰作揖，應該是正在巴結他。

2. 東大街的酒庫南部路上，有一個騎在棗紅馬上，朝東走，後有一個僕人挑行李。

3. 東城門口，有一個身穿紅袍的官員，騎在白馬上。

《金陵圖》的東部兩處騎馬人

在《金陵圖》上，多數作為畜力的是驢子和牛，西郊出現四處驢，第一處是農民拉磨的驢，第二處是北方商人騎的驢，第三處是西門外婦女騎的驢，第四處是西門外駝貨物的六頭驢。

城內出現了五處驢，第一處是錦繡坊附近駝貨物的兩頭驢，第二處是酒坊對面拉賣水車的兩頭驢，第三處是藥局西南方的一頭驢，第四處是藥局東南方駝貨物的五頭驢，第五處是東門內駝貨物的一頭驢。

東門外出現了六處驢，第一處是白下橋西駝貨物的一頭驢，第二處是白下亭前駝貨物的一頭驢，第三處是白下亭對面飯館門口的一頭驢，第四處是農村散放的三頭驢，第五處是牛車附近的兩頭驢，一頭駝貨物，一頭有人騎，第六處是橋頭駝貨物的一頭驢。

西門外的農村畫出了六頭牛，清化橋上有一頭牛，錦繡坊和酒坊之間有五頭拉車的牛，東門外的農村畫出了耕田的一頭牛，拉車的四頭牛，這架牛車也混用驢子。再往東的農舍院子裏有一頭牛，可見驢子作為畜力比牛還普及，但是沒有把馬用作畜力。

馬在《金陵圖》上僅僅出現了四處，第一處是打釘巷鐵匠鋪門口的馬，第二處在酒坊對面的街上，有一個騎馬，是官員打扮，後面還有一個挑行李的僕人。第三處是藥局對面的北方商人騎馬，第四處是東門口的一個身穿官服的人在騎馬。這就說明馬在南宋的江南非常珍貴，只有北方來的商人和南方的官員才有馬。因為南宋喪失了北方產馬的地方，又要戰馬和金朝對抗，

所以馬非常珍貴。南宋為了補充戰馬,需要經過廣西、貴州、四川,向大理國和西蕃買馬。

狗在《金陵圖》上出現了三次,第一處是在清化橋東南和錦繡坊之間,不知是錦繡坊的狗,還是路人的狗,這是一條灰色小狗。第二處是東門內大街北側的藥局門口,這是一條黑白雜色的獅子狗。第三處是東門外的茶館門口,這條一條體形細長的白色獵犬,因為在東郊鄉下。

現代人熟悉的貓在《金陵圖》和《清明上河圖》上似乎都沒有出現,說明當時人不太重視貓。

宋代《金陵圖》上的兩條狗

在張擇端的《清明上河圖》上,同樣是驢、牛比馬多,據統計劃出了 41 頭驢、15 頭牛、14 匹馬,原因也是驢、牛作為拉車的牲畜,使用較多。但是《清明上河圖》上的馬,遠比《金陵圖》多。這是因為《清明上河圖》的人物比《金陵圖》多,又是都城,所以用馬的達官顯貴比較多。

在《清明上河圖》上騎馬的人,打扮都很特別。最左側第一個騎馬的人,帶有很大的帽子,前面有四個衙役開道,又有兩個人牽馬,後面又有三個人,一個人扛行李,兩個人挑行李,這個騎馬的人是一個大官,他正是從宮城的方向而來,這是張擇端有意安排。他的僕人都是官服,而不像圖上其他騎馬人的僕人是赤膊,證明這個人是圖上官階最高的人。

《清明上河圖》最左側騎馬的官員

　　再往右，瓦子南部有一個人是年輕的儒生打扮，正要上馬，在他的旁邊有三個人，應該是他的僕人。

　　東北部的十字路口，有一個人騎馬，畫出的是他的背影，垂下很長的頭巾，前面也有一個僕人牽馬。

　　再往東的路口有一個官員模樣的人騎在馬上，手拿團扇，前面有赤膊的僕人牽馬，後面也有隨從。在這兩個騎馬的人中間，還有幾個人在交談，其中兩個人有官帽。

《清明上河圖》第三處、第四處騎馬的人

再往東的城門之內，有一個人騎馬朝西走，前有赤膊的僕人牽馬，後面有赤膊的僕人挑行李。

第六處騎馬的人在望春門入口，前面牽馬的僕人畫出了一半，他和出城門的駱駝恰好反向，是張擇端要體現城門的擁擠。

第七處馬出現在望春門外的小河邊，畫出了牽馬的僕人，似乎沒有騎馬的人，其實騎馬的人在旁邊的轎子邊，他正要去和轎子裏面的女眷說話，這就是孟元老在《東京夢華錄》卷一《河道》記載的曹門外小河邊的官員。

第八處騎馬的人在小橫橋南部的南斜街，他跟在一輛親眷坐的牛車後面，頭戴氈帽，也是一個顯貴的人。

第九處馬出現在南斜街和北斜街中間的十字路口，酒店門口有一匹馬，但是大家都在看一個人騎上旁邊的小馬駒。

第十處騎馬的人出現在小橫橋的西南方，一個儒生模樣的人騎在馬上，前有赤膊的馬夫牽馬，後有隨從。

第十一處、十二處騎馬的人是官員打扮，在小橫橋的北部，正在上橋，前面有赤膊的馬夫叫路人閃開，後面還有牽馬的人和隨從。非常值得注意的是，這兩個人都沒有鬍鬚，而前面出現的騎馬人都是鬍鬚，證明這兩個人是宦官。他們在橋上橫衝直撞，正是張擇端要表現宋徽宗時期宦官的囂張。

《清明上河圖》橋上騎馬的宦官

　　第十三處騎馬的人在五丈河的西南部，露出了背部和馬的屁股，前有僕人肩扛行李。

　　第十四處騎馬的人在最右側的掃墓隊伍後面，也戴有很高的帽子，前面的僕人都是赤膊。

　　這些騎馬的人多數是官員，看不出有哪些人是商人，證明在都城開封府，騎馬的人主要是官員。《金陵圖》上騎馬的五個人，有四個人也是官員，有一個人是商人。

第四章　金陵城東景象

第一節　書商和文人

　　宋代《金陵圖》的東門內北側的路上畫了一個人，挑著一個擔子，擔子的前面是一摞書，這很可能是一個書商。南宋的建康府藏書豐富，淳熙六年（1179 年），朱熹在南康軍重建白鹿洞書院，向四方徵購書籍，他給黃灝的信中說：「旦夕遣人至金陵，亦當遍干諸使者也。」〔註1〕

　　在他的前面還有一個人也是儒生打扮，手撐著一把傘，傘上還掛著一個白布條，不知是否寫著什麼字。

馮寧摹本《金陵圖》的明道書院附近

〔註 1〕毛德琦《白鹿洞書院志》卷二，《白鹿洞書院古志五種》，中華書局，1995 年。

這個打傘的人在看他右手邊的一群人，當中的一個人坐在桌子旁邊的一把傘下面，桌子上筆墨紙硯，還有一個小盤子，盤子裏似乎放著一些銅錢。他的身旁有五個人，這個坐在桌子邊的人很可能是個代書的先生，古代很多人不識字或者寫字不好看，所以社會上有一種代書的先生，字寫得很好看，一般是坐在路邊，有個小桌子。代書的範圍非常廣，小到書信字據，大到店鋪招牌。前者價錢不多，但是遇到富商大賈，有時也會收入不少。

為什麼東門內的地方，似乎讀書人特別多呢？

其實《金陵圖》的作者不是亂畫，東門內的地方確實是讀書人最為集中的地方，因為我們看《景定建康志》的《府城之圖》可以發現，東門內的路北側是明道書院，南側的斜對面有青溪先賢祠。

古代的官員都是通過科舉考試選拔，所以非常重視書院和先賢祠的建設，我們看到《景定建康志》一共才 15 幅圖，就有《府學圖》、《明道書院圖》、《青溪先賢堂圖》。卷二十九的《建明道書院》記載：

> 明道先生程子，師濂溪先生周子……早世嘗為上元主簿，且攝縣事。政教在人，至今思之。因人心之所思，而明先生之教，此書院所由建也。先是淳熙初，忠肅劉公珙，祠程子於學宮，朱文公為之記。紹熙間，主簿趙君師秀來居其官，即聽事西偏繪像祠之。嘉定乙亥，主簿危君和，復請於太守劉公榘，乃於簿廨之東，得鈐轄舊廨之地，改築新祠。部使者西山真公，捐金三十萬、粟二千斛以助之。未幾，李公玨來繼劉公，咸相其役，前護重門，中儼祠像，扁其堂曰春風。上為樓，旁二塾，曰主敬、曰行恕。名其泉曰澤物，表其坊曰尊賢。既成，率郡博士及諸生，行捨菜禮。自是春秋中丁，率為彝典。置堂長及職事員，延致好修之士，西山嘗記其事，刻諸石崇重。未幾，忽就隳廢。堂宇雖存，講肆闕如。遂為軍儲賓寓之所。淳祐己酉二月，天大雷電，書閣忽災，退庵吳公因更創之。閣視舊益偉，下為春風堂，聘名儒以為長，招志士以共學。廣齋序增廩，稍仿白鹿洞規，以程講課士趨者眾。聖天子，聞而嘉之，親灑明道書院四大字，賜為額，與四書院等。

明道書院的名字源自明道先生程顥，他曾經任上元縣主簿。明道書院的名字雖然是晚到理宗淳祐己酉（十年，1250 年）才建立，但是孝宗淳熙元年（1174 年）已經在上元縣的學宮祭祀程顥。據《景定建康志》卷三十《建縣

學》：「上元縣學，在縣治西。」可見上元縣的學宮就在上元縣衙門的西面，正是在東門之內。嘉定乙亥，上元縣的主簿在其簿廳之東的鈐轄舊廳之地，改築新祠。明道書院有樓，所以我們看到《金陵圖》的東門內確實有一座樓，這座樓很可能就是明道書院的樓，所以《金陵圖》非常寫實。

根據《景定建康志》卷十六《坊里》：「尊賢坊，在明道書院之右。」則明道書院在街市的最東部，其東面就是東門，尊賢坊在明道書院的右側（西部），同卷的《街巷》記載：「主簿巷，在明道書院右。」可見明道書院和尊賢坊之間是主簿巷，巷的西側是上元縣主簿的衙門。巷的東側就是原來的上元縣鈐轄的衙門，所以那座樓或許原來就有。

明道書院的對面，東門內大街的南面是青溪坊，有先賢祠《景定建康志》卷三十一：「先賢堂一所，在府學東明道書院之西，青溪之上。馬公光祖建立，自周漢而下與祀者四十一人，各有贊。」這座先賢祠是宋理宗開慶元年（1259年）建立，在《金陵圖》繪畫的年代還沒有建設，馬光祖選擇在這裡建立先賢祠，顯然是因為這裡靠近明道書院，《景定建康志》卷三十一的《青溪先賢堂記》就是由承直郎宜差充江南東路安撫使司幹辦公事兼明道書院山長周應合記撰寫。周應合是《景定建康志》的作者，所以他在《景定建康志》中特別分出第三十一卷，專門記載青溪先賢祠。

現在大中橋（古代白下橋）西面的白下路南方有文思苑、文思新村，清代有文斯巷，這就是古代的青溪坊。

第二節　白下門、白下橋和白下亭

宋代建康府的東門，俗稱為白下門，門外是白下橋，橋東是白下亭。景定《建康志》卷十六《橋樑》記載白下橋：「白下橋，一名上春橋，在城東門外，其側有白下亭。」又引嘉泰四年（1304年）建康府觀察推官劉叔向的《重建白下橋記》稱：「白下一橋，當江浙諸郡往來之衝，不惟士夫民牧所必經行，而日飲萬馬於秦淮，旬給諸屯之糧餉，捨此無他道也。」又記載白下橋原來是木橋，宋寧宗嘉泰三年（1203年）九月到次年二月，上元縣知縣鄭緝重建，改為石橋，又修建橋旁的白下亭，增加其前楹三間，用錢四百萬。有舉子認為白下橋的名字不吉利，行宮留守李沐改名為上春橋。

東門外的接官亭是迎暉亭，景定《建康志》卷二十二《亭軒》：「迎暉亭，

門拱行都，直趣南徐。岐入淮湔，郡登茅、鍾二名山咸此乎出。舊名建陽，逾數步即白下，有白下亭。負城立，規褊制陋，無以容車馬，今並門度地，在外城之中為亭三間，深各二丈二尺，闊倍之。前為泊水，挾屋七間，翼其左關吏舍五間，麗其右簷楹敞煥，入門者有觀焉。」南徐州指代常州，東門外通往常州和淮南、浙江，建康府的人去登茅山、鍾山都要經過這個亭。靠近白下亭，馬光祖擴建了迎暉亭。

宋代《金陵圖》上的白下橋還是木橋，橋面、橋柱和欄杆都是木頭建造。圖上畫出白下橋欄杆已經有多處損壞，至少有兩根欄杆的木頭斷了，還有一根木頭歪了。這是畫圖的人要表現這座橋的很多地方都已經有所損壞，其實可能還不止這三處損壞。這就證明宋代《金陵圖》一定是在宋寧宗嘉泰三年（1203 年）之前畫出，此前的白下橋確實年久失修。

楊大章摹本《金陵圖》白下橋和白下亭

因為這座橋通往最繁華的吳越之地，通往南宋的都城臨安府（今杭州），所以行人來往很多。建康府的人去城東的鍾山、茅山，也要路過這座橋，這座橋不堪重負，最終被改成石橋。

第三節　東郊鍾山

宋代《金陵圖》約有一半的篇幅是在城外，主要是在東門外，作者如此重視東門外的風景，我認為最可能的原因，是因為作者是南宋朝廷畫院的畫家，奉聖旨來畫留都建康府的地圖。從南宋都城臨安府到建康府，要路過東郊，所以畫出東郊的風景。所以這幅圖上沒有畫出鍾山的名勝古蹟，都是普通的農舍山林，非常寫實。

金陵東門外的鍾山從六朝時期就被看作是風水寶地，巍峨高聳，鬱鬱蔥蔥，象徵東方的青龍。

　　宋代金陵城東門外還有官府的建築，除了白下橋外的接官亭，還有社壇。
景定《建康志》卷四十四、至正《金陵新志》卷十一《祠祀志·社稷》記載上
元縣社壇，舊在白下門外尉司東。

　　宋代《金陵圖》上的東門外靠近白下橋的地方還有商店和酒館，向東的
房屋都是農舍，而且越來越稀疏，房屋質量也越來越差。第一處農舍的屋頂
還是草瓦各半，第二處農舍的屋頂已經變成茅草為主。

　　過了白下橋，有個人站在北部的河邊，他的右手上站有一隻鷹，這是一
個玩鷹的人。

　　白下橋東面的路上北側，第一間店鋪似乎也是一個木匠店，因為有一個
人手持鋸子在門口，還有一個人用錘子和鑿子在雕刻木板，他的前面放有很
多木板，似乎是雕刻印刷的書版。店內還有一個人，身旁有很多扇子，扇子
也需要木工做出來。大概因為鍾山多林木，所以很多木工活都在靠近鍾山的
店鋪。門口的桌子上放了很多物品，似乎是瓷器，也有可能是木雕。

馮寧摹本《金陵圖》白下亭對面的店鋪

　　鍾山有很多著名的寺院，周煇《清波雜志》卷三《景陽臺》條記載周煇
到白下門外齊安院，又《鍾山唱和》條記載：「煇憶年及冠，從父執陳彥育序
遊鍾山，陳題三四詩於八功德水庵之壁：寒騎瘦馬度山腰，目斷青溪第一橋。

盡是帝王陵墓處，野風荒草暝蕭蕭。十年塵土暗衣巾，亂走江鄉一病身。西第將軍成底事，北朝開府是何人？止記其二。陳，句容人，素與先人厚善。先人嘗次其韻：雄壓吳頭控楚腰，千峰環拱冶城橋。黃旗紫蓋旋歸漢，古剎淒涼尚號蕭。北嶽經行匪濫巾，相陪來現隱淪身。春蘿秋桂還吾輩，白浪紅塵付若人。皆書於壁。二十年後再過之，皆不存矣。都后化蟒之地鹿苑院，土人名為蕭帝寺，寺之殿宇，猶是梁時建立者。」

又《金陵風物》條引張文潛《雜書》有云：「余自金陵月堂，謁蔣帝祠。初出北門，始辨色。行平野中，時暮春，人家桃李未謝。西望城壁壕水，或絕或流，多鸂鶒、白鷺，迤邐近山，風物夭秀，如行錦繡圖畫中。舊讀荊公詩，多稱蔣山景物，信不誣。白公少客杭州，自言欲得守杭，卒如其言。予亦云。」

王安石從宋仁宗景祐四年（1037年）跟隨父親江寧府通判王益住在金陵城，寶元二年（1039年）王益去世。慶曆二年（1041年），考中進士。嘉祐八年（1063年）因為母親去世，王安石回江寧守喪。宋英宗治平四年（1067年），宋神宗繼位，任王安石為江寧知府。熙寧七年（1074年）因為變法失敗，又任江寧知府。八年，復相。九年，貶為江寧府通判。宋哲宗元祐元年（1066年），病逝在江寧府，葬在半山園。

王安石住在金陵城東門外靠近鍾山的地方，名為半山園，所以王安石有很多詩歌描寫鍾山。景定《建康志》卷十三《建康表九》記載王安石住在白下門外七里，去蔣山亦七里。卷二十二《亭軒》：「王荊公舊宅，在今報寧寺。詩有：門前秋水可揚舲，有意西尋白下亭之句。又有東門、白下亭，摧甍蔓寒葩之句。按此亭在府東。」

因為很多宋代的文人墨客都到金陵城東郊的鍾山去遊玩，留下了很多名詩佳作。王安石《蔣山手種松》詩云：「青青石上歲寒枝，一寸岩前手自移。聞道近來高數尺，此身蒲柳故應衰。」《遊鍾山》：「終日看山不厭山，買山終待老山間。山花落盡山長在，山水空流山自閒。」又：「兩山松櫟暗朱藤，一水中間勝武陵。午梵隔雲知有寺，夕陽歸去不逢僧。」又：「偶向松間覓舊題，野人休誦北山移。丈夫出處非無意，猿鶴從來自不知。」又：「榮祿嗟何及。明恩愧未酬，欲尋西掖路。更上北山頭。」又《鍾山晚步》：「小雨輕風落楝花，細紅如雪點平沙。檟籬竹屋江村路，時見宜城賣酒家。」《懷鍾山》：「投老歸來供奉班，塵埃無復見鍾山。何須更待黃粱熟，始覺人間是夢間。」又《鍾山絕句》：「澗水無聲繞竹流，竹西花草弄春柔，茅簷相對坐終日，一鳥

不鳴山更幽。」又：「竹窗紅莧兩三根，山色遙供水際門，只我近知牆下路，能將屐齒記苔痕。」又《望鍾山》：「佇立望鍾山，陽春更蕭瑟。暮尋北郭歸，故繞東岡出。」又《憶鍾山》：「蒼藤翠木江南山，激激流水兩山間。山高水深魚鳥樂，車馬跡絕人長閒。雲埋樵聲隔蔥蒨，月弄釣影臨潺湲。黃塵滿眼衣可濯，夢寐惆悵何時還。」

定林寺是劉宋元嘉元年（424 年）始建，元嘉十六年（439 年）印度僧人竺法秀建造上定林寺，原來的定林寺稱下定林寺，劉勰在上定林寺寫出《文心雕龍》。南宋乾道九年（1173 年），因為上定林寺荒廢，善鑒在江寧方山重建上定林寺。王安石經常住在下定林寺，建了書齋昭文齋。

蘇頌《暮春與諸同僚登鍾山望牛首》詩云：「清明天氣和，江南春色濃。風物正繁富，邦人競遊從。官曹幸多暇，交朋偶相逢。並驅出東郊，乘興遊北鍾。陟險不蠟屐，扶危靡搘筇。上登道林祠，俯觀辟支峰。亂山次阡陌，長江繞提封。蕭條舊井邑，茂盛新杉松。攬物思浩然，懷古心顒顒。念昔全盛時，茲山眾之宗。天都對雙闕，霸業基盤龍。六朝遞興廢，百祀居要衝。人情屢改易，世事紛交攻。當時佳麗地，一旦空遺蹤。惟有出岫雲，古今無變容。」

蘇軾《同王勝之遊蔣山》詩云：「到郡席不暖，居愁空惘然。好山無十里，遺恨恐他年。欲歆南朝寺，同登北郭船。朱門收畫戟，紺宇出青蓮。夾路蒼髯古，迎人翠麓偏。龍腰蟠故國，鳥爪寄層巔。竹杪飛華屋，松根泣細泉。峰多巧障日，江遠欲浮天。略彴橫秋水，浮屠插暮煙。歸來踏人影，雲細月娟娟。」

張祁《遊鍾阜呈同集諸公》詩云：「曉出白下門，東山聳孱顏。脫身廛市中，辦此一日閒。西風忽凜冽，秋容著堅頑。煙樹小搖落，寒雲起斕斑。但驚節物變，敢辭登陟艱。諸峰互嶄絕，落勢相迴環。盤固建康城，儼若呵神奸。造化鍾英靈，盡壓東南山。厚疑接坤軸，高欲窺帝關。太平嚴梵刹，華屋羅千間。向來劫燒灰，舊觀初未還。象教豈易滅，佛力不可扳。風雷運梁棟，斤斧勤輪般。會見落成日，千門響銅環。山僧肯分甘，我亦誅茅菅。人生少會心，勝處天所慳。歸軺理殘照，欲去仍躋攀。後會倘可約，此興殊未闌。祇恐俗士駕，頻來遭詆訕。哦詩記幽討，剩語君其刪。」

胡銓《與正覺長老同遊蔣山》詩云：「寶公何似贊公房（是日登寶公塔），好句還追鐵鳳翔（鐵鳳翔見贊公房詩）。金象妙高驚地勝，木犀清遠送天香。明年蠟屐誰猶健，昨日登樓我尚強（閣高百尺，梯凡五折，最難上）。三老未

應輸二老，茲遊奇絕永難忘。」

寶公塔是梁武帝蕭衍天監十四年（514年）為寶誌和尚建的墓塔，又建開善寺。有三絕碑，碑上有吳道子為寶誌和尚畫的像和顏真卿書寫的李白所作像贊。朱元璋洪武十四年（1381年）霸佔原來的開善寺，建為自己的陵墓。開善寺東移，改名靈谷寺。1928年，民國政府又在明代的靈谷寺建造國民革命軍陣亡將士公墓，靈谷寺遷到清代同治六年（1867年）建的龍神廟。

李綱《同李似之遊蔣山》詩云：「北風阻行舟，駕言遊蔣山。相攜得良友，談笑窮躋攀。松林靜杳冥，殿閣羅煙鬟。寶公骨已冷，白塔孤雲間。乘高望長空，極目波濤翻。東南正戎馬，戈甲照江干。與子適相遇，偷此半日閒。懷古六朝遠，道舊一笑歡。憶昨賜對初，接武玉殿班。螭坳珥史筆，每慚追繼難。迂疎與世違，謫官墮甌蠻。寬恩倖脫去，假道來江關。邂逅兩萍梗，飄泊驚風旛。回首顧溮河，不知涕泗潛。著鞭願努力，世路方多艱。」

又《登鍾山謁寶公塔》：「寶公真至人，鳥爪金色身。杖攜刀尺拂，語隱齊梁陳。我登鍾山頂，白塔高嶙峋。再拜禮雙足，聊結香火因。」又《題定林院》：「行過鍾山到定林，青松一徑白雲深。三間古屋昭文館，那有沉迷富貴心。」又《題八功德水》：「石作方池紫翠崖，湛然定水貯瓊瑰。何須功德標為八，萬派圓成自此來。」八功德水在開善寺原址，名為功德泉。

紹興三十二年（1162年），陸游因為批評孝宗在宮中宴飲而被孝宗怨恨，從樞密院編修官被貶為鎮江府通判。隆興二年（1164年），陸游力勸張浚繼續北伐，但是孝宗已經被前一年的兵敗打消了北伐的念頭。隆興和議將成，陸游倡議定都在建康，上書二府：「江左自吳以來，未有捨建康他都者。駐蹕臨安出於權宜，形勢不固，餽餉不便，海道逼近，凜然意外之憂。一和之後，盟誓已立，動有拘礙。今當與之約，建康、臨安皆係駐蹕之地，北使朝聘，或就建康，或就臨安，如此則我得以暇時，建都立國，彼不我疑。」改為建康府通判，又改為隆興府通判，又被罷職。陸游的祖父陸佃是王安石的學生，陸游聽父親陸宰說昭文齋有王安石的畫像，所以去看畫像。畫像早已消失，陸游在昭文齋的壁上題寫：「乾道乙酉七月四日，笠澤陸務觀冒大雨獨遊定林。」1975年陸游石刻被重新發現，1982年被列入江蘇省文物保護單位。乾道五年（1169年），賦閒四年的陸游被任命為偏遠的夔州通判，又經過建康，他寫的《入蜀記》記載他又到定林寺，看到先前的題字已經被僧人刻在崖石上。

周必大在乾道三年（1167年）到昭文齋，看到陸游的題字，又題寫：「乙

亥九月十一日，務觀之友周子充，陪翁子功來遊。」周必大《次韻邢懷正孝庸通判遊蔣山》詩云：「仙人薄蓬萊，乘槎渡河漵。舊觀桑田變，今訪鍾山古。駕言出東門，恍若之帝所。朝曦霽青霜，楓葉落紅雨。亭亭望浮圖，隱隱插天宇。坡垂北溟鼇，石臥南山虎。遙聞飯後鐘，絕勝紞如皷。恭惟布金地，草木誰敢侮。孤芳破冰雪，喜見梅蕚吐。同遊皆大雅，緗素競先覩。巾車似元亮，漱石雜孫楚。相將挹靈泉，何用照牛渚。西方化人國，未覺道修阻。法筵盛龍象，一一會心侶。茗椀散午夢，蒲團便軟語。懸知雨花社，重辯風幡舞。相投甚針芥，味道真酪乳。從來草堂靈，俗駕回吾祖。況如雲仍輩，麼麼那複數。後車倘許隨，未羨黃金塢。

　　楊備《詠鍾山》詩云：「周子無心隱姓名，裂荷焚芰使猿驚。不能高枕雲中臥，瑣屑貪它墨綬榮。」

　　任希夷的《同劉武子孫季和遊鍾山和劉武子韻》詩云：「有客新從蜀道還，共招北隱步松間。何人寫出秋風句，付與淮南大小山。」又有《題謝氏山居》詩云：「風流誰似謝家安，不愛蒼生衹愛閑。今日雲孫仍不惡，一間茅屋尚東山。」又有《鍾山春遊》：「青樓醞釀客中聖，碧苑秋韆人半仙。春滿江南佳麗地，綠楊芳草思娟娟。

　　陳俊卿的《蔣山謝雨詩》云：「農事春郊閔雨時，乞靈奔走寶公祠。爐中沉水才三祝，天外油雲已四垂。薿薿通宵茅屋冷，青青破曉麥田滋。更祈三日滂然澤，大作豐年遍海涯。」

　　馬之純的《鍾山》詩云：「石城為虎此為龍，都邑無如此地雄。萬壑千巖皆拱北，三江七澤盡朝東。埋金依舊祥光現，鑿浦仍前地脈通。吳晉六朝嘗已驗，如今留鑰比關中。」

第五章 《清明上河圖》地理

第一節 前人誤讀《清明上河圖》地理

張擇端的《清明上河圖》現在收藏在北京的故宮博物院，絹本，水墨淡設色，縱 24.8 釐米，橫 528.7 釐米。這是故宮最重要的國寶，曾被選為「故宮人最喜愛的文物」第一名。

這幅圖是現代人心目中的宋代文化標誌，幾十年來，香港宋城、杭州宋城、無錫水滸城、金華橫店影視城、開封清明上河園、諸城清明上河園等很多現代風景區，都以這幅圖為模板建造仿古園區。上海世博會的中國館，也以新製作的動態《清明上河圖》為中心。

這幅圖很早就名揚海外，在日本等國尤其出名，2012 年 1 月，「中日邦交正常化 40 週年紀念展」之「國寶觀瀾——故宮博物院文物精華展」在日本東京國立博物館舉行，這是《清明上河圖》首次在國外展出，參觀人數多達 10 萬人，加上參觀摹本的人多達 25 萬人。日本民眾為了看這幅圖，不惜排隊五個小時，皇太子也蒞臨參觀。2015 年故宮展出《清明上河圖》，9 月 8 日第一天有 8500 人排隊看《清明上河圖》，10 月 12 日觀眾看到凌晨 4 點才閉館。

這幅畫不僅有極其重要的藝術價值，也有非常重要的歷史價值。因為這幅圖表現的是宋代的市民生活，代表了歷史的現代轉向，所以現代西方學術界也很感興趣，世界上研究這幅圖的論著很多。

世人皆知宋代的名畫《清明上河圖》，但是沒有多少人認真研究《清明上河圖》。即使是專業的宋史學者或歷史地理學者，又有多少人認真研究過《清

明上河圖》？現在那麼多根據《清明上河圖》仿建的古建築，真的搞清楚圖上畫的是什麼地方了嗎？

我發現以前的研究，存在絕大的錯誤，完全誤讀了《清明上河圖》的位置和張擇端畫這幅圖的用意。因為我們早已清楚北宋都城東京開封府的地圖，對照宋代開封地圖，本來不應該讀錯《清明上河圖》，但是前人竟然未能看破。我以前也沒有認真研究《清明上河圖》，信從前人的研究結論，直到最近因為要研究《金陵圖》，出於比較《金陵圖》和《清明上河圖》的需要，順帶研究《清明上河圖》，才忽然發現前人的解讀錯誤。

前人多數認為《清明上河圖》右側的那條大河是汴河，中間那座橋是虹橋，左側是那座城門是外城最東南角的上善門，這完全是不結合北宋開封府地圖而想當然的亂猜！

也有少數人認為《清明上河圖》上的那條大河雖然是汴河，但不是汴河在外城之外的部分，而是在內城和外城之間的那一段汴河，圖上的那座城門是內城東南的角子門，那座橋是汴河上的上土橋或下土橋。北京故宮博物院的網站「故宮名畫記」介紹這幅圖，認為圖上的橋是上土橋，城門是角子門。可這不過是一家之言，不能作為定論！

問題是：

1. 北宋開封府有內城、外城兩重大體上都是四方形的城牆，憑什麼就認為那座城門是外城的城門呢？其實圖上的那座城門是內城的城門！

2. 北宋開封府有汴河、蔡河、五丈河、金水河四條河，《宋史》卷九十三《河渠志》記載宋太宗至道元年（995 年），參知政事張洎說：「今天下甲卒數十萬眾，戰馬數十萬匹，並萃京師，悉集七亡國之士民於輦下，比漢、唐京邑，民庶十倍。旬服時有水旱，不至艱歉者，有惠民、金水、五丈、汴水等四渠，派引脈分，咸會天邑，舳艫相接，贍給公私，所以無匱乏。」憑什麼就認為那條河是汴河呢？其實那條河根本不是汴河！

因為開封的另外三條河早已湮沒，被現代人遺忘了，所以現代很多人只知道汴河，想當然地認為《清明上河圖》上的那條河就是汴河，但是學者不應該不考察另外的三條河。

其實後周和北宋初年未曾統一南方時，蔡河、五丈河才是開封的主要漕運通道，五丈河最早是在唐代形成，李濂《汴京遺跡志》：「唐武后時，引汴水入白溝，接注湛渠，以通曹、兗之賦。因其闊五丈，名五丈河，即白溝河之下

流也。唐末湮塞，周世宗顯得四年，疏汴水入五丈河，自是齊魯舟楫，皆達於汴。」《宋會要輯稿》食貨四六《水運》：「周顯德六年，引閔水入於蔡河，以通漕運。京東諸州軍粟帛，自廣濟河而至。顯德二年，於京城西堤，引水入於五丈河，運連於濟。」開封西南的蔡河，運來的是京西路的糧食。開封東北的五丈河，運來的是京東路的糧食。

五丈河向東連通濟水，在今曹縣以東的河段，前身就是濟水，所以宋太祖趙匡胤開寶六年（973 年），改名廣濟河。通往山東，山東比較富庶，所以尤其重要，王曾的《王文正公筆錄》記載了五丈河的重要性：

> 國初，方隅未一，京師儲廩仰給，唯京東、京西數路而已。河渠轉漕，最為急務。京東自濰、密以西州郡，租賦悉輸沿河諸倉，以備上供。清河起青、淄，合東阿，歷齊、鄆，涉梁山濼、濟州，入五丈河，達汴都，歲漕百餘萬石。所謂清河，即濟水也。而五丈河常苦於淺，每春初農隙，調發眾夫，大興力役，以是開濬，始得舟楫通利，無所壅遏。太祖皇帝素知其事，尤所屬意，至歲中興役之際，必御駕親臨督課，率以為常。先是，春夫不給口食，古之制也。上惻其勞苦，特令一夫日給米二升，天下諸處役夫亦如之。迄今遂為永式。

五丈河的水淺，為了得到山東的糧食，趙匡胤親自到五丈河邊監督挑濬，優待河工。北宋初年的濟水，從青州（今青州）、淄州（今淄博），到齊州（今濟南）、鄆州（今東平），經過梁山泊，到濟州（治今巨野縣），再向西南經過曹州（今曹縣西北），到開封。

蔡河完全在外城的南部，五丈河完全在外城的東北部，這兩條河都未曾流入內城。而汴河穿過內城、外城的東西四道城牆，只有這一條河是完全穿過開封城。金水河從外城的西北角流入內城的西北角。

孟元老《東京夢華錄》卷一《河道》：「西北曰金水河，自京城西南分京、索河水，築堤從汴河上用木槽架過。從西北水門入京城，夾牆遮擁，入大內灌後苑池蒲矣。」金水河是一條小河，水量很小，從汴河上方的木槽流過，澆灌皇宮內的御花園，不能行船，所以肯定不是《清明上河圖》的那條小河。

汴河從外城西城牆的西水門流入外城，再從內城西城牆的汴河水門流入內城，再從內城東城牆最南端的汴河角門子，流出內城，又進入外城，再從外城東城牆南部的東水門流出外城。

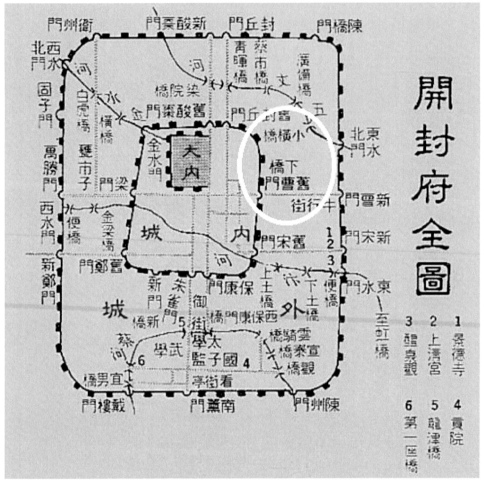

本文考證的《清明上河圖》範圍（白色圓圈內）

汴河是穿過內外城的東西向四道城牆，而且都是水門，而《清明上河圖》上的那條河根本沒有穿過城牆，《清明上河圖》上的那條大河在右側，左側有一個高聳的城門，如果圖上的方向是左西右東，如果那條大河是汴河，則汴河的西南部要有一個城門，只有外城西城牆的新鄭門符合，但是請注意，《清明上河圖》是越往左側越繁榮，如果左側是西側，左側是那個城門是新鄭門，新鄭門外不可能比城內還繁榮，所以《清明上河圖》的那條大河不可能是汴河，那個城門不可能是新鄭門！

如果《清明上河圖》上的汴河是在外城內的東南部，也不可能，因為汴河已經是從內城最東南角的汴河角門流出，角門就是角上的門，其西南部不可能再有一個城門！

　　高木森把《清明上河圖》的圖幅畫在北宋開封府的地圖東南角，為了畫出《清明上河圖》上的那座城門，他在外城東南角的水門南面又想像出一座城門，又想像出一條小河，〔註1〕這些顯然沒有根據！

　　如果按照前人所認為，《清明上河圖》的那條大河是汴河，那座橋的外城之外的虹橋，那個城門是上善門，就會出現很多無法解釋的問題，許政揚早已指出了虹橋說有三個無法解釋的重大紕漏：

　　1. 上善門就是汴河出外城的水門，《清明上河圖》根本沒有畫出水門，畫的是一個陸門。

　　2. 孟元老《東京夢華錄》卷一《東都外城》記載：「城門皆甕城三層，屈曲開門。唯南薰門、新鄭門、新宋門、封丘門，皆直門兩重，蓋此係四正門，皆留御路故也。」外城除了東西南北的四個城門是兩重門之外，其他都是甕城，而《清明上河圖》的那座城門不是甕城，顯然不是外城的城門。

　　3. 孟元老《東京夢華錄》卷一《河道》記載：「從東水門外七里，曰虹橋。」虹橋在東水門之外七里，而《清明上河圖》上的那座城門和橋之間似乎超過了七里路。

　　許政揚找出的這三個紕漏，前兩個是鐵證，確實證明那座橋不是汴河在城外的虹橋，那座城門也不是上善門。

　　但是許政揚仍然認為那條大河是汴河，他認為圖上的那座橋是外城的下土橋，認為圖上的那座城門是內城東南角的汴河角門子。〔註2〕這仍然是錯了，因為角門自然是在城牆的角上，而且《東京夢華錄》卷一《舊京城》記載：「東壁其門有三，從南：汴河南岸角門子、河北岸曰舊宋門、次曰舊曹門。」則汴河就是角門的北部，所以稱王汴河南岸角門子，而《清明上河圖》上的那條大河距離城門很遠，顯然不可能是汴河和汴河角門子。

　　周寶珠在他的書中認為《清明上河圖》上的那座橋是虹橋，但是他所說的虹橋是拱橋的通稱，不是特指某一座橋，他認為《清明上河圖》上的那座橋不是外城東水門外的虹橋，因為東水門外不可能還有十里左右的繁華鬧市，

〔註1〕 高木森：《落葉柳枯秋意濃——重釋〈清明上河圖〉的畫意》，《故宮文物月刊》第18期，1984年。

〔註2〕 禹玉（許政揚）：《〈清明上河圖〉畫的是哪座橋？》，《光明日報》1961年12月23日。收入《藝林叢編》第四編，香港：商務印書館，1964年。又收入許政揚：《許政揚文存》，北京：中華書局，1984年，第249～255頁。

在《東京夢華錄》中找不到任何記載！〔註3〕

我認為周寶珠的觀點非常合理，《清明上河圖》上的那座橋不可能是東水門外的虹橋。可惜周寶珠認為這座橋是下土橋，從而提出《清明上河圖》畫的是外城內的東南部。

令人感到奇怪的是，周寶珠雖然認為《清明上河圖》上的這座橋是汴河上的下土橋，又在緊接著的下文提出《清明上河圖》的那個城門也不是東角子門，這就是自相矛盾了！他認為東角子門在《宋會要》、《宋史》等書中根本未曾提到，不過是一座便門，不是有名的城門，自然也就很不重要，不會出現在《清明上河圖》上。

周寶珠已經開始懷疑《清明上河圖》上的城門不是東角子門，這是多麼可貴的思考啊！可惜他仍然不敢推翻前人的成見，不敢提出《清明上河圖》畫的不是外城的東南角，沒有轉換思路，因此沒有發現《清明上河圖》畫的其實是外城的東北角！

類似的錯誤是楊立武等人認為圖上的那座橋是上土橋，〔註4〕上土橋在下土橋之西不遠，也在汴河之上，上土橋更靠近內城牆，但是錯誤和下土橋一樣，就是不能解釋圖上的城門不是汴河的水門，楊立武僅考證了汴河角門子的位置，而迴避了汴河角門子是水門的問題。

很多人討論北宋開封的水門，問題是《清明上河圖》上畫的是陸門，根本沒有畫水門，所以討論開封水門都是隔靴搔癢。

還有人認為《清明上河圖》上畫的是開封外城之外東南部的汴河，圖上的那座城門是譙樓，可是宋代開封城外東南是不是有一座譙樓？似乎沒有史料的依據，這是現代人的想像。開封城外很遠的地方似乎不太可能還有一座譙樓，譙樓一般是在城內。

開封內城東南角的水門之北是舊宋門，又名麗景門，日本僧人成尋的《參天台五臺山記》卷四，記載麗景門有三個門洞，顯然不是《清明上河圖》上的城門，所以《清明上河圖》上的那條河不是汴河。

成尋又記載他看到：「汴河左右前著船，不可稱計。一萬斛、七八千斛，

〔註3〕周寶珠：《〈清明上河圖〉與清明上河學》，河南大學出版社，1997年，第173頁。

〔註4〕楊立武：《〈清明上河圖〉所反映的東京地理位置》，《河南大學學報（哲學社會科學版）》1986年第4期。

多多莊嚴大船，不知其數，兩日見國三四重著船千萬也。」汴河通往富庶的江南水鄉，所以汴河裏的船更多更大，可是我們看到《清明上河圖》上的船沒有成尋描述的那麼多，也沒有成尋描述的那麼大，所以《清明上河圖》上的那條河不應該是汴河。

因為宋代開封汴河和附近城門的關係根本不能符合《清明上河圖》上河流和城門的關係，所以《清明上河圖》上的那條大河顯然不可能是汴河。

吳斌已經指出，《清明上河圖》上的那條大河是開封城東北部的五丈河，唯有五丈河符合，因為五丈河流經外城內的東北部，可惜他又誤以為《清明上河圖》畫的那段五丈河是在開封外城以東的一段！

我認為，《清明上河圖》畫出的那段五丈河就是開封外城以內的那一段，其西南部有開封內城東城牆的城門望春門（舊曹門），也就是《清明上河圖》上左側的那個城門。

所以《清明上河圖》的那座橋顯然是五丈河流出開封外城之前的小橫橋，正是在望春門的東北部。

我們看到元代人陳元靚的《事林廣記》的北宋開封《外城之圖》，在五丈河的下標出廣備橋，廣備橋的東南部還有一個橋，因為圖幅太小，無法標出橋名，這座沒有標名的橋就是小橫橋。圖上廣備橋西北部的五丈河上，又有蔡市橋、青暉橋、染院橋。

孟元老的《東京夢華錄》卷一《河道》記載：

> 東北曰五丈河，來自濟、鄆，般挽京東路糧斛入京城。自新曹門北入京，河上有橋五，東去曰小橫橋，次曰廣備橋，次曰蔡市橋，次曰青暉橋，〔次曰〕染院橋。

結合《事林廣記》的開封地圖可以判斷，《東京夢華錄》記載五丈河的橋是從東向西敘述，則五丈河在開封府外城之內最東部的是小橫橋，其西依次是廣備橋、蔡市橋、青暉橋、染院橋。吳斌誤以為小橫橋在外城之外，其實小橫橋是在外城之內。

所以《清明上河圖》的那條大河是五丈河，那座橋是小橫橋，是五丈河出外城之前的最東部一座橋，那座城門是內城正東的望春門。

需要指出的是，舊曹門的東部是外城的東門新曹門，但是《清明上河圖》的舊曹門外大街向東南有所傾斜，可能是因為開封城的舊曹門外大街本來就有所傾斜，張擇端的畫不是精確測量，很多地方有所變形，所以圖上的這種

街道的傾斜不能否定圖上的城門是舊曹門。

我在上面畫的這幅示意圖，是根據《清明上河圖》的位置來解釋，其實廣濟河（五丈河）的位置應該更偏東北，在新曹門的北部出城。

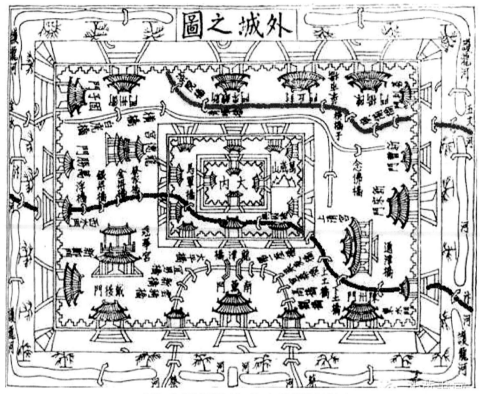

元代《事林廣記》的宋代開封地圖

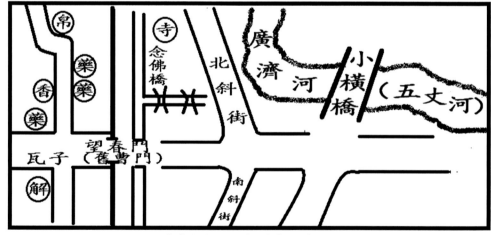

《清明上河圖》地名示意圖

　　美國學者 Linda Cooke Johnson 認為《清明上河圖》上的城門匾額寫的是鄭門，[註5]但是我們現在從圖上看不出是鄭字，鄭門在開封城的西南方，方位和水道都不符合。鄭門的東部是內城，但是圖上的右側人煙稀少，方位不合，除非《清明上河圖》是左東右西，但如果是左東右西，則圖上鄭門的右上方（西南方）還有河流，但是現實中的鄭門西南方沒有河流。

第二節　望春門外小河是重要證據

　　前人還未曾注意到，《清明上河圖》上的城門外的護城河和圖上右側的大河之間，有一條很小的河，圖上畫出了這條小河上的兩個很小的橋，這條很小的河大概兩三米寬。

《清明上河圖》的舊曹門外小河和小橋

　　孟元老《東京夢華錄》卷一《河道》記載：

　　　　又曹門小河子橋曰念佛橋，蓋內諸司輦官、親事官之類軍營，
　　皆在曹門。侵晨上直，有聲者在橋上念經求化，得其名矣。

　　此處的曹門是舊曹門，即望春門。望春門外有一條小河，有一個小橋稱為念佛橋。我認為這正是《清明上河圖》望春門和五丈河之間的那條小河，圖上的兩個小橋，西面的一座稍大，很可能就是念佛橋。

　　在《清明上河圖》上，這條小河和五丈河似乎不連通，中間有寬闊的馬

［註5］Johnson Linda Cooke, "The Place of Qingming Shanghe Tu in the historical Geography of Song Dynasty Dong Jing", *Journal of Sung-Yuan Studies*, 26, 1996, 157.

路。這條小河在元代陳元靚《事林廣記》的開封地圖上也被畫出來了，就在內城的護城河和五丈河之間，而且標出了上面的念佛橋，在這幅圖上這條小河似乎和五丈河也不連通。

在開封府外城之內的東南角和外城之外的東南角，都沒有這條小河，這就更加證明了我的結論，《清明上河圖》上的那座城門是內城的東門望春門（舊曹門），那條大河是望春門東北部的五丈河，《清明上河圖》畫出的是五丈河在外城之內的一段。

明代人偽造《清明上河圖》時，已經發現了圖上的城門不是水門，他們也受到金代題跋者的誤導，認為圖上的大河是汴河，為了彌合水門的問題，明代人自作主張，在圖上的城門北側加了一座水門，又把圖上的大河和流過水門的河流連通，張擇端原圖上的小河被迫消失。

臺北故宮博物院收藏的一幅明代《清明上河圖》明代改繪本傳為仇英所作，圖上的大河和水門內的河流通過一條河流連通，可是流入水門之內，就去向不明，圖上用空白掩蓋，這顯然是因為作者胡亂創造了這個水門和河道，無法處理。這幅圖竟然在大河的右側畫出了江南才有的圩田，簡直令人瞠目結舌。左側城內的深處，又畫出了複雜的水系，也是把開封當成了江南。

臺北故宮博物院所藏的《清明易簡圖》也是明代人根據張擇端的原圖改繪，圖上大河和水門內的河流通過一條河流連通，流入城內，還有曲折，完全不符合宋代開封城的水系。

這些明代改繪本都把《清明上河圖》上的木拱橋改畫成江南水鄉的石拱橋，失去了宏大的氣勢。雖然變成了彩圖，可是看上去很豔俗。表面上看是炫麗，細看其筆法輕浮，描繪粗陋，完全不能和張擇端的原圖相比。

我們還注意到《清明上河圖》的這種小橋邊有一匹馬和兩個轎子，有馬夫和很多轎夫，這很可能是因為內諸司輦官、親事官之類軍營，皆在曹門，所以有很多官員和家屬需要用馬和用轎。

在《清明上河圖》上，這座小橋的西北部就是一座佛寺，這很可能是念佛橋名字的真正來源。因為這種佛寺在《清明上河圖》的最邊上，所以連門殿的屋頂都沒有畫全，從寺廟右側的一個和尚和門口兩邊的天王像可以判斷這是寺廟。不過張擇端如果想畫全整個門殿也很容易，這很可能是他故意安排，不想畫全。張擇端可能不太篤信佛教，所以他不想突出佛寺在圖上的地位。

《清明上河圖》的寺廟

宋代開封城內的很多寺廟都是人流密集之地，但是《清明上河圖》的這處寺廟非常冷清，而且兩側的房屋顯得非常雜亂，甚至在寺廟前面還有一群豬，也證明張擇端不想突出寺廟的地位。可能是因為張擇端畫這幅圖是為了突出民生疾苦，所以不想表現太多佛寺，他或許厭惡統治者不問蒼生問鬼神。

宋徽宗迷信道術，自號道君皇帝，張擇端的《清明上河圖》上畫出了好幾個和尚，一處是在望春門內的瓦子北部畫出一個身背行囊的和尚，一處是在瓦子的東北部大街中心畫出一個身披袈裟的和尚。但是張擇端似乎沒有明顯畫出道士，這也說明他對道教不感興趣，也不逢迎宋徽宗的道教傾向。

孟元老《東京夢華錄》卷二《潘樓東街巷》記載：

> 出舊曹門，朱家橋瓦子下橋，南斜街，北斜街，內有泰山廟，兩街有妓館。橋頭人煙市井，不下州南。以東牛行街，下馬劉家藥鋪，看牛樓酒店。亦有妓館，一直抵新城。

《清明上河圖》的兩處和尚

　　這一段記載的舊曹門（望春門）外到新城（開封外城）景象，就是《清明上河圖》核心部分的內容。朱家橋瓦子下橋不知是應該讀作朱家橋瓦子、下橋，還是讀作朱家橋、瓦子下橋。朱家橋應該是一箇舊曹門外小河上的小橋，很可能是念佛橋之東的那座小橋。

　　橋頭繁華，不下內城核心之處的州橋之南。南斜街、北斜街，很可能就是《清明上河圖》上五丈河西側的兩條南北向街道。再東是牛行街，應該在五丈河的南側，《清明上河圖》沒有畫出。牛行街應該有很多牛，《清明上河圖》上看不到，應該是沒畫牛行街。牛行街在外城的最東部，在後周修建外城之前，應該是在市區的邊緣，所以形成賣牛的集市。

　　舊曹門之外又有劉家藥鋪，令我們想到《清明上河圖》畫出的舊曹門（望春門）內劉家香藥鋪，舊曹門之外的劉家藥鋪和舊曹門（望春門）之內的劉家香藥鋪雖然不是一家店，但是或許是一個家族開設。

第三節　望春門內的店鋪符合

　　判斷《清明上河圖》的那座城門是望春門，還有很多重要的證據。我們看到這座城門之內的街道北側有很多香料鋪，十字路口的西南方有一個瓦子，這完全符合望春門內的情景。

劉家香料鋪和趙太丞家藥鋪

孟元老的《東京夢華錄》卷二《東角樓街巷》記載：

> 自宣德東去東角樓，乃皇城東南角也。十字街南去薑行、高頭
> 街，北去從紗行至東華門街、晨暉門、寶籙宮，直至舊酸棗門，最
> 是鋪席要鬧。宣和間，展夾城牙道矣。東去乃潘樓街，街南曰鷹店，
> 只下販鷹鶻客。餘皆真珠、疋帛、香藥鋪席……以東街北，曰潘樓
> 酒店……東去則徐家瓠羹店，街南桑家瓦子，近北則中瓦，次裏瓦。
> 其中大小勾欄五十餘座，內中瓦子蓮花棚、牡丹棚、裏瓦子夜叉棚、
> 象棚最大，可容數千人。

潘樓街多香藥鋪，香料基本都是藥材，所以古人又統稱為香藥。我們在《清明上河圖》上恰好看到左側有「趙太丞家」藥店，路旁的招牌寫有：「治酒所傷真方集香丸」、「太醫出丸醫腸胃病。」門口的對聯，右側被擋住，左側可以看到，寫有七個字，上面四個字是五勞七傷，下面三個字難以判斷。〔註6〕

向東走到十字路口，往北又有一家店，專賣香料，路邊的招牌寫有：「劉家上色沉檀揀香。」屋簷下的招牌上寫有一行字，不能全部辨識，但是可以看到香丸二字，也是藥材。

〔註6〕有人誤讀太醫為大理，大理寺是司法官署，不管醫療。五勞七傷下面三個字，
有人說是回春圖，我看不是，待考。

　　有人誤以為揀香是楝香，〔註7〕還有人誤以為是棟香，〔註8〕棟和楝都是誤讀，《清明上河圖》的原圖清晰顯示這個字不是木字旁而是提手旁，應該是揀香。楝樹又名苦楝，不產香料，楝香無從解釋。

　　南宋提舉泉州市舶司的趙汝适寫有海外地理名著《諸蕃志》，卷下記載：「乳香，一名薰陸香，出大食之麻囉拔、施曷、奴發三國深山窮谷中。其樹大概類榕，以斧斫株，脂溢於外，結而成香，聚而成塊。以象輦之至於大食，大食以舟載易他貨於三佛齊，故香常聚於三佛齊。番商貿易至，舶司視香之多少為殿最。而香之為品十有三，其最上者為揀香，圓大如指頭，俗所謂滴乳是也。次曰瓶乳，其色亞於揀香。又次曰瓶香，言收時貴重之置於瓶中。瓶香之中又有上中下三等之別。又次曰袋香，言收時止置袋中。」

　　乳香因為形似乳頭而得名，其上品是揀香，其次是瓶香，再次是袋香。既然瓶香、袋香都是源自盛放香料的物品，所以揀香或許是源自用手採摘。

　　乳香來自大食（阿拉伯）的麻囉拔、施曷、奴發三地，施曷是今也門東部的席赫爾（Shihr），奴發是今阿曼西南部的佐法爾（Dhofar），麻囉拔是佐法爾西南的穆爾巴特（Mirbat）角，都在阿拉伯半島的東南部。

　　上色不是染色的香，而是上等貨色的香，沉香、檀香、揀香是三種香，《諸蕃志》記載：「沉香所出非一，真臘為上，占城次之，三佛齊、闍婆等為下。」沉香以真臘（今柬埔寨）為最好，其次是占城（今越南的中南部），三佛齊（今印尼蘇門答臘島）、闍婆（今爪哇島）為下。又記載：「檀香出闍婆之打綱、底勿二國，三佛齊亦有之。」

　　上等沉香的產地距離中國最近，其次是上等檀香的產地，上等揀香的產地最遠，所以《清明上河圖》的香料鋪賣的是上等沉檀揀香，沉香最多，檀香其次，揀香最少。

　　高頭街也是醫生和醫院的聚集地，南宋洪邁《夷堅志》乙志卷九《金剛不壞身》：「醫師能太丞，居京師高頭街。藝術顯行，致家貲鉅萬。」能太丞或是熊太丞之誤，他和《清明上河圖》的趙太丞名字近似。

　　在劉家香藥鋪的右上側（東北方），還有兩家診所，一家的招牌是楊家應症，一家是招牌上方是楊大夫，下方似乎是經脈二字。

〔註7〕余輝：《張擇端〈清明上河圖〉導覽》，北京大學出版社，2015 年，第 80 頁。
〔註8〕楊新：《〈清明上河圖〉贊》，楊新等著：《清明上河圖的故事》，故宮出版社，2012 年，第 39 頁。

請注意孟元老提到潘樓街都是疋帛、香藥鋪席，而在《清明上河圖》的劉家香藥鋪、楊家診所的北部，就是一家疋帛鋪，門上的招牌是：王家鮮明疋帛鋪。旁邊路上的招牌是：羅錦疋帛鋪。前引楊新之文誤以為招牌上寫的是王家羅明疋帛鋪，其實應該是鮮明，指顏色鮮明，明代《南都繁會圖》上的招牌就是：鮮明絨線發客。

《清明上河圖》楊家診所和疋帛鋪

以上香藥店就和《東京夢華錄》記載香藥鋪集中在潘樓街完全吻合，這更證明了《清明上河圖》那座城門的是望春門，前人從來沒有證明《清明上河圖》的商鋪符合開封東南的情況。

望春門內是全城瓦子最集中的地方，所以《清明上河圖》的那座瓦子正是望春門內的潘樓街南側的桑家瓦子。桑家瓦子比其北部的中瓦子、裏瓦子規模小很多，所以在街道旁的簡易木棚。

不過根據孟元老的《東京夢華錄》記載，潘樓東部的十字街是土市子，又謂之竹竿市，又東十字大街，又名鬼市子，又東是舊曹門（望春門）內的舊曹門街。如果張擇端的《清明上河圖》完全寫實，則畫出的望春門（舊曹門）內的舊曹門街。也有可能他示意性地畫出舊曹門街到潘樓街的場景，畢竟這幅圖的主題不是城內的街市，而是五丈河上的運糧船。

　　無論如何，那座城內是望春門（舊曹門），因為望春門在皇宮東南，從皇宮到望春門是開封府最繁華的地方，香藥鋪、瓦子、酒樓都集中在這一區域之內，唯獨此處符合《清明上河圖》畫出的街景。

　　有人提出《清明上河圖》的那座城門不是望春門，而是開封城內的坊牆上的坊門。這個觀點肯定得不到大家的認可，因為古代的坊門不可能有如此高大，而且是宋代早已打破了坊牆。

　　前人沒有發現《清明上河圖》上的那座城門是望春門（舊曹門），因而沒有發現《清明上河圖》的醫藥鋪、香料鋪等等都非常符合《東京夢華錄》的記載，因此開始懷疑《清明上河圖》不是寫實的圖畫，這是多麼大的誤解啊，令人感到非常遺憾！

第四節　清明節和東門望春

　　前人一般認為《清明上河圖》的名字源自清明節，明代李東陽在畫上的跋文說：「上河者云，蓋其世俗所尚，若今之上冢然，故其如此也。」他也認為畫的是清明節時，鄭振鐸、徐邦達、楊伯達等人都認為是在清明節時。王伯敏、蕭瓊瑞、鄒身城、史樹青認為清明是指盛世清明，〔註9〕持這個看法的人不多。

　　但是也有人提出《清明上河圖》的季節是秋季，理由是：驢子馱有冬季才需要的木炭，農舍有茄子，兒童裸體打鬧，十多個人手拿扇子，多處出現草帽、斗笠、有「口暑飲子」的招牌，酒樓的旗上寫有「新酒」，新酒是秋季才有，攤販的桌上有切開的西瓜。清明不是指季節，而是指地名清明坊。〔註10〕

　　周寶珠等人不同意夏秋季節說，列出很多證據反駁秋景說，宋代呂原明《歲時雜記》：「都城寒食，大縱蒲博，而博扇子者最多，以夏之甚邇也。」所以清明時開封城自然有很多人手持扇子。宋代的扇子還是文人遮陽擋臉的工具，在街上遇到熟人，不想打招呼，就用扇子遮擋自己，宋代稱為便面，我認

〔註9〕王伯敏：《中國繪畫史》，上海人民美術出版社，1982年，第266頁。蕭瓊瑞：《為清明上河圖釋名》，《今日臺南》，1985年。蕭瓊瑞：《清明上河圖畫名意義的再認識》，《中國藝術文物討論會論文集／書畫》，1992年，第111～183頁。鄒身城：《清明上河圖的命名》，《河南大學學報（哲學社會科學版）》，1986年第4期。

〔註10〕孔憲易：《〈清明上河圖〉的「清明」質疑》，《美術》1981年第2期。

為便面是屏面的語訛，讀音接近。他還指出宋代賣新酒的季節不止秋季，張耒《寄榮子雍三首》詩云：「家家新酒滴新醅，殘歲崢嶸春欲回。」飲子可能是治病的湯藥，而不全是夏天的解暑飲料。圖上所謂的暑飲子，其實是香飲子的誤讀。秋季的田野應該堆滿了收穫的穀物，但是圖上看不到。南宋楊仲良《續資治通鑒長編紀事本末》卷七十七《潘汴河》：「發運司，歲發頭運糧綱入汴，舊以清明節。」〔註 11〕我認為《清明上河圖》畫的確實是清明節時運糧船來到開封，當然了，我認為圖上畫的不是汴河，而是來自山東的廣濟河（五丈河）。

我認為秋季說的理由不成立，西瓜是從西域傳入契丹，北宋時期西瓜尚未在中原普及，所以北宋孟元老的《東京夢華錄》、陸佃的《爾雅新義》和徽宗時期的《重修政和經史證類備急本草》等書都不記載西瓜。《重修政和經史證類備急本草》是政和六年（1116 年）由醫官曹孝忠在唐慎微《經史證類備急本草》的基礎上修訂而成，記載藥材多達 1746 種，代表當時最權威、最全面的醫學成果，也不記載西瓜。

歐陽修在《新五代史》卷七十三《四夷附錄》記載，漢族人胡嶠在契丹居住了七年，在後周廣順三年（953 年）回到中原，把他在契丹的經歷寫成了《陷虜記》，書中記載他在契丹：「始食西瓜，云契丹破回紇，得此種，以牛糞覆棚而種。大如中國冬瓜，而味甘。」契丹打敗回紇，才得到西瓜的種子。歐陽修的時代，中原還很少看到西瓜，所以歐陽修特地引用這一段。

西瓜在南宋前期從北方傳入東南，南宋人高承編纂的《事物紀原》記載：「中國初無西瓜，洪忠宣使金，貶謫陰山，得食之。」洪忠宣是洪皓，他在南宋高宗建炎三年（1129 年）以南宋的禮部尚書職銜，出使金朝，被扣留了十五年，直到紹興十三年（1143 年）才被放回。他把在金朝的經歷寫成了《松漠紀聞》，記載：「西瓜形如匾蒲而圓，色極青翠，經歲則變黃。其瓞類甜瓜，味甘脆，中有汁，尤冷。《五代史·四夷附錄》云，以牛糞覆棚種之。予攜以歸，今禁圃鄉囿皆有。亦可留數月，但不能經歲，仍不變黃色。鄱陽有久苦目疾者，曝乾服之而愈，蓋其性冷故也。」

西瓜從南宋的都城杭州、洪皓的家鄉江西鄱陽等地開始推廣，但是南宋人羅願的《爾雅翼》記載了外來物種占城稻，也不記載西瓜。羅願還做過景

〔註11〕周寶珠：《〈清明上河圖〉與清明上河學》，第 160～172 頁。

德鎮監稅、鄱陽知縣,他的書中都不記載西瓜。

南宋孝宗乾道六年(1170年),江西人范成大出使金朝,在開封寫有一首《西瓜園》詩云:「碧蔓凌霜臥軟沙,年來處處食西瓜。形模護落淡如水,未可葡萄苜蓿誇。」范成大看到開封已經有很多西瓜,這是金朝初年才南傳到中原。范成大吃到的西瓜,味道很淡,不是很甜,所以他認為西瓜南傳不如葡萄那樣重要。很可能因為西瓜剛剛傳到中原,水土不服,中原人還沒有培育出香甜的品種。此時的東南人看到西瓜,仍然感到非常新鮮。

很多學者已經指出圖上的所謂西瓜其實是芝麻餅,我認為是芝麻餅,因為後面有一疊堆放,前面的幾塊是立起,顯然是餅而不可能是西瓜。

酒不是茶和米,茶和米是當季最好,但是酒是放越久越好,大家都想喝陳釀,新酒未必是指當年的酒,可能是年數較少的酒。

望春門東橋頭賣餅的攤子

還有人提出《清明上河圖》畫的不是某一個季節,而是混合了四季的很多景象。贊同的多數是外國學者,有美國耶魯大學的芮樂偉‧韓森(Valerie Hansen)和衛斯理藝術學院的劉和平等人,〔註12〕我認為這個說法不能成立,因為華北的四季分明,不像世界上很多地方的四季不分明,中國人的四季概念尤其清晰。畫家不可能畫出四季的景色在一個很小的地方,否則自

〔註12〕 Valerie Hansen, "The Mystery of Qingming Scroll and Its Subject:The Case Against Kaifeng", *Journal of Song-Yuan Studies*, 26, 1996.

我錯亂。

韓森等人認為這幅圖是南宋人回憶故都開封的作品，我認為這種說法完全不能成立，南宋初年的國力嚴重衰落，不可能畫出如此偉大的作品。畫圖和寫書不同，寫書比畫圖容易多了，不能因為孟元老在南宋初年寫了《東京夢華錄》，就說張擇端的《清明上河圖》也是南宋初年的作品。

韓森認為《清明上河圖》畫的全是北宋的盛世景象，完全不畫社會亂象。我認為這個觀點不對，事實上很多學者指出這幅圖隱含的社會問題很多。城門缺乏看管，橋上馬匹和行人相撞，很多人在呼救落水的人等等。張擇端作為宮廷畫家，不可能太直白，我在下文還要指出，張擇端畫廣濟河（五丈河）的運糧船，正是要指出他的家鄉京東路在北宋末年出現嚴重的社會危機。

美國斯坦福大學藝術系的彭慧萍強調宋徽宗時代的氣候變冷，而《清明上河圖》有 55 個人是赤膊，所以這幅圖不是寫實作品，很可能是張擇端拼湊了四季風景，也不是開封某一地域的寫實作品。宋徽宗時的章粢有一首詞《詠楊花》，證明天降寒雪，楊柳依然可以發芽。〔註13〕

我認為我們不能看赤膊者的絕對數量，還應該看到這些赤膊的人僅僅是圖上的少部分人，更重要的是應該看這些人的職業，從彭慧萍列出的赤膊者圖錄來看，這些赤膊的人都是體力勞動者，流汗太多，所以赤膊。這是春夏季節常見的景象，我們不能因為北方冬季有冬泳的人就否定是冬季。

如果《清明上河圖》畫的真是夏秋季節，圖上絕不會僅有少數人的赤膊，夏季的華北平原很熱，赤膊的人應該更多。

章粢的《詠楊花》有兩句是：正堤上柳花飄墜、怪春衣雪沾瓊綴。這顯然是描寫春天柳絮飄飛，春天的華北下雪很正常，這是春季說的證據了。

在圖的右下方，有兩個人騎在驢上，頭上包裹得很嚴實。望春門口也有一個人騎在驢上，帽子下有垂簾。在小橫橋東南的小船旁邊，五丈河南岸，也有一個人騎在驢上，帽子下有垂簾，都證明這肯定不是夏季。

〔註13〕彭慧萍：《小冰期時代的赤膊者：〈清明上河圖〉的季節論辯與「寫實」神話》，故宮博物館編：《〈清明上河圖〉新論》，故宮出版社，2011 年，第 42～77 頁。

包裹頭巾的人

兩處有帽簾的人

　　有人提出清明源自開封城的地名清明坊，清明坊之說不能成立，因為清明是在外城以東，而《清明上河圖》畫的是外城之內。而且圖上的範圍很大，早已超出了一個坊。

　　前人指出，圖上最右上方（東北部）畫出的一隊人，中間的轎子上插了很多柳枝，這是清明節插柳的習俗。《東京夢華錄》卷七記載清明節：「轎子即以楊柳雜花裝簇頂上，四垂遮映。」

插柳的轎子

王家紙馬鋪

　　在《清明上河圖》五丈河運糧船的東北部路上，有一家王家紙馬鋪，門口放了清明節燒的紙錢。因為馬匹和盔甲是將軍所用，所以紙錢經常做成馬匹和盔甲的形狀，又稱紙馬、甲馬。《東京夢華錄》卷七記載清明節：「紙馬鋪

皆於當街，用紙袞疊成樓閣之狀。」《宋史》卷一二四《禮志》記載，宋真宗大中祥符三年正月：「契丹賀正使為本國皇太后成服……焚紙馬，皆舉哭。」

在《水滸傳》第二十五回，武松殺潘金蓮之前，祭典武大郎，請了對門開紙馬鋪的趙四郎。第七十回，梁山好漢排座次之前，建一羅天大醮，報答天地神明眷佑之恩。宋江派人仍使人收買一應香燭、紙馬、花、祭儀、素饌、淨食，並合用一應對象。南宋都城的紙馬鋪還刊刻書籍，宋版《五臣注文選》的牌記是：杭州貓兒橋河東岸開箋紙馬鋪鍾家印行。

孟元老《東京夢華錄》卷五清明節：

> 都城人出郊，禁中前半月，發宮人車馬朝陵。宗室南班近親，亦分遣詣諸陵墳享祀，從人皆紫衫白絹，三角子青行纏，皆係官給。節日亦禁中出車馬，詣奉先寺道者，院祀諸宮人墳，莫非金裝紺憾，錦額珠簾，繡扇雙遮，紗籠前導。士庶闐塞諸門……四野如市，往往就芳樹之下，或園囿之間。羅列杯盤，互相勸酬。都城之歌兒舞女，遍滿園亭，抵暮而歸。各攜棗䭅、炊餅、黃胖、掉刀、名花異果、山亭戲具、鴨卵雞雛，謂之門外土儀。

清明時節，都城官民都去郊外祭祖，人流雜沓，野外如市。人們在樹林原野之中吃飯，歌兒舞女也在各地演出。所以張擇端的《清明上河圖》上，看上去非常熱鬧。

我還發現一個證據，能證明《清明上河圖》是描繪清明節的景象，那就是圖上望春門內的孫羊正店，門口有兩個人，提的籃子內放了很多植物，他們的周圍有很多人，有婦女、小孩、老人，應該是賣一種熱銷的物品。看上去不像是稻草，也不像是蔬菜，似乎也不太可能在酒店門口賣稻草。有人認為是甘蔗，[註14] 我認為顯然不是甘蔗，甘蔗的直徑比圖上的植物要粗很多，也不像那麼彎曲。而且賣甘蔗的人都是用繩子捆紮，不會放在籃子裏。我在東南沿海看過很多甘蔗田，而且從小就看過賣甘蔗的人，我可以確定這絕不是甘蔗。而且北宋開封街上還不可能有這麼多鮮甘蔗，古籍之中從來沒有記載宋代的北方有甘蔗出售。

我認為籃子裏的這種植物類似樹枝，應該是賣柳枝的人。開封城內人在清明節要插柳，但是缺少柳條，就有人來賣柳枝，這也證明《清明上河圖》畫的就是清明節時。

〔註14〕餘輝：《張擇端〈清明上河圖〉導覽》，第 76 頁。

《清明上河圖》孫羊正店門口賣柳枝的人

　　前人對上河兩個字的爭議也很大，很多人認為上河是指去河邊，上是動詞。也有人認為上河是汴河的專稱，還有人認為上河是河邊某一地域的專稱，還有人認為上河是指從河流的下游去上游。我認為汴河在開封的東南，不太可能稱為上河。開封城內有四條河，上河也不可能是某一地域的專稱。《清明上河圖》上畫的運糧船確實來自廣濟河（五丈河）的下游，但是上河究竟是從運糧船到上游開封的角度來考慮，還是從開封人到河邊踏青的角度來考慮，還是兩者兼而有之，仍然待考。

　　我認為，正是因為是清明節，所以張擇端畫的是開封府內城的東門望春門內外，望春門正是在東部，所以叫望春門。

　　古人篤信五行體系，五行配四季和五方，東方對應春季，根據上古的《禮記·月令》、《呂氏春秋》、《淮南子·時則》等記載，天子在不同的季節要住在明堂不同方向的方向，春季居住在東方的房間。古人認為春季源自東方的東風，《國語·周語上》記載天子開春行籍田禮，象徵天下開始耕作，說：「先時五日，瞽告有協風至。」樂官瞽要提前五天聽到東方的協風，預報春季到來。

　　所以我認為，張擇端選擇在清明節時畫出開封府內城東門外的廣濟河（五丈河），廣濟河流到山東，也在京城東方的京東路，也是他的家鄉，這是他的刻意安排，不是隨手亂畫。

第五節　張擇端畫《清明上河圖》的用意

張擇端就是京東路人，金代人張著在《清明上河圖》的跋文記載：「翰林張擇端，字正道，東武人也。」東武縣是今山東諸城的古名，《隋書》卷三十《地理志中》高密郡諸城縣：「舊曰東武，置高密郡。開皇初，郡廢。十八年，縣改名焉。」隋代開皇十八年（598 年），東武縣已經改名為諸城縣。

有一個畫家從他的藝術思維出發，認為張擇端的家鄉是山東成武人，成武在開封的東方，所以叫東武，這當然不能成立，地名不能如此隨意變形，古人不可能分不清東武和成武。

有人提出張擇端不是宋徽宗時代的人，因為同時代的其他古籍不記載宣和畫院裏有他。我認為這很可能是因為張擇端的畫雖然很好，但是他還比較年輕，資歷不夠，還沒等他出大名，北宋已經滅亡。另外在一個腐朽王朝的末年，有才華、有理想的人往往不能舒展大志。此時是蔡京、童貫等姦臣當道，在這種黑暗的年代，張擇端很不容易出頭。

張擇端從家鄉到開封，當然是經過京東路，最有可能經過五丈河。所以張擇端最熟悉的就是五丈河，而不是汴河。

有人因為誤以為《清明上河圖》的那條河是汴河，所以認為張擇端從家鄉去開封走汴河。其實我們地圖一看就知道張擇端不可能繞道汴河，因為他要千里迢迢，經過多山的沂州，穿過徐州或淮陽軍（治今江蘇邳州），再到宿州，才到汴河，再往西北，逆水到開封府。不如從沂州直接向西，經過荷水，到廣濟軍（治今山東定陶），通過五丈河到開封，何必繞道汴河？

五丈河運送京東路的漕糧來到開封，所以《清明上河圖》上的河船很多來自京東路，因為是運糧船，所以比較高大。

圖上畫了兩處從船上搬下糧食的景象，第一處是從右側開始的第二條船旁邊，已經搬下了很多糧食，堆在地上。有一個人坐在糧食袋子上，這個人是官員打扮。還有一個人在幫助把糧食放在另一個人的肩上扛走，還有一個人正在提起袋子，準備放在肩上。這三個扛糧食的人都是赤膊，顯然是因為出汗太多，那個坐在袋子上的官員是長袖。右側的樹叢，擋住了一個人的一半，這個人也在扛糧食。再看其東南部的第一條船跳板上，有一個人正在背了一個袋子上，從船上往岸上走，或許也是糧食。

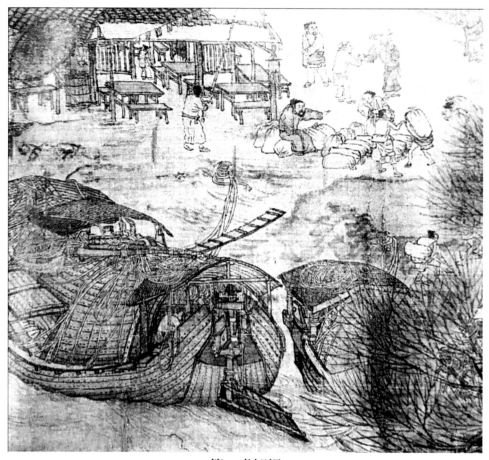

第一處卸糧

　　第二處從船上搬糧食的景象，在並列的第五條和第八條船旁邊的岸上，有一群人正扛著糧食往岸上走，這些船剛剛到開封不久，正在卸貨。

　　清明節時正是青黃不接的時段，都城開封需要很多糧食，但是京東路的農民也需要糧食。張擇端看到自己家鄉京東路的父老為了供應都城的糧食，而生活艱辛，所以他畫了這幅《清明上河圖》。畫上來自京東路的運糧船費盡艱辛，風餐露宿，還要面臨發生事故的風險。

第二處卸糧

　　運糧這種事情是有季節安排的，不可能隨意發生在全年的任何一個時刻，所以張擇端的這幅《清明上河圖》一定是當季寫實的畫作，不可能是沒有季節的隨意畫作。

　　五丈河邊就有糧倉，孟元老《東京夢華錄》卷一《外諸司》記載：「諸米麥等，自州東虹橋元豐倉、順成倉，東水門裏廣濟，裏河折衷、外河折衷、富國、廣盈、萬盈、永豐、濟遠等倉，陳州門裏麥倉子，州北夷門山、五丈河諸倉，約共有五十餘所。日有支納，下卸即有下卸指軍兵士。支遣即有袋家，每人肩兩石布袋。遇有支遣，倉前成市。近新城有草場二十餘所。每遇冬月，諸鄉納粟稈草，牛車闐塞道路，車尾相銜。數千萬量不絕，場內堆積如山。諸軍打請，營在州北，即往州南倉，不許雇人般擔，並要親自肩來，祖宗之法也。」糧倉前面形成市場，大概就是《清明上河圖》停船處附近的市場。

　　請注意孟元老記載，支遣時是尋找有袋子的人家，每人肩抗兩石布袋，我們看到《清明上河圖》上抗糧食的人都是普通百姓的服裝，不是士兵的服裝，這是支遣的百姓。

　　所有人都注意到了《清明上河圖》最中間的那條船，船上的人和橋上的人都慌作一團，有五個人手指前方的河中，正在呼叫，其中一個人手拿很長的繩子，準備拋入水中。還有一個人用竹篙頂著橋身，還有兩個人用竹篙撐

在河中，防止船撞到橋上。橋上有人放下兩根繩子，橋肚子裏有一條小路，路的欄杆邊也有兩個人人在放繩子。在圖的下方，五丈河的南岸還有很多人站在河邊揮手呼喊，甚至有一個人站到了房頂上。靠橋東南方，聚集了很多人，有些只是袖手旁觀，沒有揮手呼喊。

有人認為這幅圖畫的是船快要撞到橋的場景，所以他們很害怕。

有人認為畫的是有人掉下河了，所以他們在慌忙救人。

我仔細推想了兩種情況，仍然覺得畫的是有人掉下河了，他們在救人。因為我小時候就住在橋頭，家門口就是一座橋，我們家的房子緊靠那座橋，後來加蓋了一間，完全和橋連為一體。船撞橋和人落水這兩種場景，我都非常熟悉。我小時候經常看到船隊過橋，有時船身稍微比橋高一些，或者差不多，船快要撞到橋時，或者有可能撞到橋時，船上的人很緊張。但是最多是想辦法降低船的高度，清理最高處的對象，不可能有一群水手站在船頭向水中呼叫。跑船的人絕大多數都會游泳，船還沒有撞到橋，大多數人還沒有掉下去，橋上的人不可能慌到放下兩根繩子。可能是有人從橋上或船上掉下河，或是被人打入水中，或是投水自殺，或是其他原因落水。

我小時候也看到過有人掉在河中淹死的場景，就是我隔壁鄰居家的小孩，被大家撈上來時已經死了。救人時，旁邊的人很多，想盡辦法，當然還是要有人跳下河去撈人。我自己也有一次掉在河中，因為是冬天，棉襖很厚，漂得不遠，恰好被鄰居發現，拉了上來。有人落水時，才會有很多人聚集在橋上、岸邊和船上一起呼喊。

所以我確定《清明上河圖》畫的是有人掉下河了，大家在救他，在船和橋肚子裏的那條路之間，圖上出現了一個黑點，或許是那個落水的人的髮髻。也有可能張擇端就沒畫出那個落水的人，但是這種事情常有，所以大家看到這幅圖就很好理解，張擇端認為不必畫出那個落水的人。

至於圖上有人用竹篙頂住橋體，還有人用竹篙撐在水中，確實是怕撞到橋上，但這是他們去救人連帶出的風險，正常開船的情況下，他們走慣了這條路，早就做好了過橋的準備，不太可能撞橋。

以前有很多學者認為張擇端的這幅圖是想委婉地體現北宋末年的社會亂象，從而向宋徽宗諷諫。我認為張擇端很可能確有此意，但是他們沒有發現圖上的那條河是五丈河，那些船是來自京東路的運糧船，所以他們對這個問題的認識還有錯誤，還不夠深入。

《清明上河圖》救落水的人

　　北宋末年的華北已經有很多地方的民眾因為生活困難而起來反抗朝廷的腐朽統治，兩宋之際王明清的《揮塵錄》後錄卷二記載：

> 祖宗開國以來，西北兵革既定，故寬其賦役。民間生業，每三
> 畝之地，止取一畝之稅。緣此公私富庶，人不思亂。政和間，謀利
> 之臣，建議以為彼處減匿稅賦，乃創置一司，號西城所。命內侍李
> 彥，主治之，盡行根刷拘催，專供御前支用。州縣官吏，無卻顧之
> 心，竭澤而漁，急如星火。其推行為尤者，京東漕臣王竑、劉寄是
> 也。人不堪命，遂皆去而為盜。敵人未南來，河北蜂起，遊宦商賈
> 已不可行。至靖康初，智勇俱困。有啟于欽宗者，命斬彥，竄斥竑、
> 寄，以徇下寬恤之詔，然無鄉從之心矣。其後散為巨寇於江淮間，
> 如張遇、曹成、鍾相、李成之徒，皆其人也。

　　這一記載極為珍貴，說宋徽宗政和年間，朝廷設置西城所，搜刮民財。京東路運糧的漕臣王竑、劉寄，搜刮尤甚。所以在金兵南下之前，河北路的民眾已經到處起義，商人都不敢前去。所以金兵能夠迅速南下，滅亡宋朝，

其實是因為北宋內部已經潰爛。宋欽宗時，雖然貶謫了王黼、劉寄，但是已經來不及了，因為宋徽宗是在金兵南下時，慌忙傳位給欽宗。北宋的腐敗積重難返，不是宋欽宗能夠挽回。

　　請注意，搜刮最殘酷的是京東路的漕運官員，正是《清明上河圖》表現出的來自京東路的五丈河運糧船。

北宋政和元年（1111 年）的廣濟河（五丈河）地圖〔註 15〕

　　宋徽宗宣和年間（1119～1121 年），河北人宋江率領的民間武裝，活動在京東路，京東路在京城開封之東，大體是今天的山東及商丘、徐州、宿遷。方勺《泊宅編》卷五記載宋江出沒青、齊、單、濮四州，青州到齊州在今青州到濟南一帶，單州到濮州在今碭山縣到范縣一帶，齊州、濮州的西北就是河北路，印證宋江從河北進入山東。

　　宋江活動的範圍正是在五丈河流域，《宋史》卷九十四《河渠志》記載廣濟河（五丈河）：「廣濟河導菏水，自開封歷陳留、曹、濟、鄆，其廣五丈，歲漕上供米六十二萬石。」

　　又記載仁宗天聖六年（1028 年）七月，尚書駕部員外郎閻貽慶言：「五丈河下接濟州之合蔡鎮，通利梁山濼。近者天河決蕩，溺民田，壞道路，合蔡而下，漫散不通舟，請治五丈河入夾黃河。」

〔註 15〕譚其驤：《中國歷史地圖集》第六冊，中國地圖出版社，1982 年，第 13 頁。

　　五丈河下通梁山泊，梁山泊正是北宋很多民間武裝活躍的地方，京東路的張擇端熟知家鄉梁山泊的情況，所以他畫出了京東路的運糧船在青黃不接時還供應開封府，正是因為朝廷的剝削太重，才使得五丈河下游的梁山泊出現很多反抗的武裝。

　　京東路：「西抵大梁，南極淮、泗，東北至於海，有鹽鐵絲石之饒。其俗重禮義，勤耕紝，濱郊處四達之會，故建為都。政教所出，五方雜居。睢陽當漕舟之路，定陶乃東運之衝，其後河截清水，頗涉艱阻。兗、濟山澤險迥，盜或隱聚。營丘東道之雄，號稱富衍，物產尤盛。登、萊、高密負海之北，楚商兼湊，民性愎戾而好訟鬥。大率東人皆樸魯純直，甚者失之滯固，然專經之士為多。下邳俗尚頗類淮楚焉。」〔註16〕

　　定陶在上古就是重要的商業都會，傳說是堯的都城，司馬遷《史記·貨殖列傳》是范蠡改名為陶朱公，認為定陶是「天下之中，諸侯四通，貨物所交易也」，所以在此定居經商。宋代人認為定陶在東運之衝，指五丈河的水運。宋太宗太平興國二年（977年），在曹州濟陰縣定陶鎮設廣濟軍。宋徽宗崇寧元年（1102年），又升曹州為興仁府。

　　京東路在北宋本來是富庶之地，蘇軾有詩：「自從捨舟入東武，沃野便到桑麻川。」〔註17〕就是稱讚張擇端的家鄉密州，五丈河沿線各州也是如此，鄆州（治今東平縣）：「其土沃衍，其民樂厚。」〔註18〕濟州鄆城縣：「壤素膏沃。」〔註19〕北宋的山東還有很多稻田，蘇轍的詩寫齊州：「下田滿粳稻，秋成比禾菽。」〔註20〕

　　京東路還有發達的蠶桑業，孫覿說：「青齊之國，沃野千里，麻桑之富，衣被天下。」〔註21〕莊綽說：「河朔、山東養蠶之利，逾於稼穡。」〔註22〕宋神宗元豐末年（1085年），京東路上供羨餘錢300萬緡。〔註23〕宋哲宗三年（1096年）各路上供的金帛錢物，京東路最多。〔註24〕蘇轍稱：「齊魯之富，

〔註16〕〔元〕脫脫等：《宋史》卷八十五《地理志一》。
〔註17〕〔宋〕蘇軾：《東坡全集》卷七《和蔣夔寄茶》。
〔註18〕〔宋〕劉敞：《公是集》卷三六《東平樂郊池亭記》。
〔註19〕〔宋〕李昭玘：《樂靜集》卷三十《察推閻公形狀》。
〔註20〕〔宋〕蘇轍：《欒城集》卷七《寄濟南守李公擇》。
〔註21〕〔宋〕孫覿：《鴻慶居士集》卷二六《李祐除京東轉運副使》。
〔註22〕〔宋〕莊綽：《雞肋編》卷中。
〔註23〕〔宋〕葉夢得：《石林燕語》卷七。
〔註24〕〔宋〕李燾：《續資治通鑒長編》卷四九七元符元年四月甲辰。

甲於四方。」〔註25〕

　　比較宋神宗時的人口和宋太宗時的人口，發現京東東路的增長率是117%，京東西路是79%，正是因為京東西路地勢低，多河湖和水災，史書記載：「京東路曹、濟、濮、廣濟等軍，地勢污下，累年積水為患，雖豐年亦不免為憂。」〔註26〕因此京東西路很容易出現災荒和民變。

　　宋神宗元豐二年（1079年）二月十二日，詔：「聞齊、兗、鄆州穀價貴甚，斗直幾二百，艱食，流轉之民頗多。司農寺其諭州縣，以所積常平倉穀通比元入斗價不及十錢，即分場廣糶。濱、棣、滄州亦然。」同日，三司言：「濟、淄等州穀貴，春夏之交，慮更艱食，請輟廣濟河所漕穀二十萬石，減價糶。」從之。〔註27〕因為山東缺糧，所以減少了來自廣濟河的糧食。當然宋神宗時，神宗是北宋的中興之主，宋徽宗時就不管這些了。

　　唐朝就是亡在濟水流域的王仙芝、黃巢手中，乾符二年（875年）濮州濮陽縣（今）人王仙芝起兵，曹州冤句縣（今菏澤）人黃巢加入。廣明元年（880年）黃巢攻入長安。中和二年（882年），黃巢手下的宋州碭山縣人朱溫投降唐朝，被任命為汴州刺史，以開封為基地取代了唐朝。可見濟水流域的問題涉及歷史上的重大轉折，可惜北宋仍然沒有解決。北宋雖然是金朝滅亡，但在內部是被濟水流域的變亂消耗。

　　五丈河最大的問題是缺水，容易淤積，所以宋神宗熙寧七年（1074年）和八年雖然從汴河接濟水源，九年又修壩閘，但是仍然在元豐五年（1082年），罷廣濟輦運司。元豐七年（1084年）八月，都大提舉汴河堤岸司言：「京東地富，穀粟可漕，獨患河澀。若因修京城，令役兵近汴穴土，使之成渠，就引河水注之廣濟，則漕舟可通，是一舉而兩利也。」從之，又從汴河引水。哲宗元祐元年（1086年），又引京、索等河引水。

　　金元時代，因為黃河的持續泛濫，金人不管河政，五丈河終於被泥沙淤塞，現在已經找不到遺跡。

　　史書從來沒有記載宋江在梁山泊活動過，但是在宋江之前，梁山泊一直有很多反抗的武裝。《宋史》卷三二八《蒲宗孟傳》記載：「鄆（州）介梁山濼，素多盜，宗孟痛治之，雖小偷微罪，亦斷其足筋，盜雖為衰止，而所殺亦

〔註25〕〔宋〕蘇轍：《欒城集》卷三十《侯利建京東漕并亮采河東漕》。
〔註26〕〔清〕徐松輯：《宋會要輯稿》方域一七之一一。
〔註27〕〔清〕徐松輯：《宋會要輯稿》食貨六八之四〇。

不可勝計矣。」宋神宗時，蒲宗孟在梁山泊殘酷鎮壓民眾，殺人很多，即使是小罪也用酷刑。劉延世《孫公談圃》記載：「蒲宗孟知鄆州，有盜黃麻胡，依梁山濼，至是賊以絕食，遂散。」因為梁山很小，所以盜賊雖然依託巨大的湖面打劫，但是山上畢竟沒有田地供養太多人，所以很快散去。

徽宗崇寧四年（1105 年），許幾任鄆州知州時，梁山泊多盜賊，都是漁民。許幾下令漁民十個人結成一保，早出晚回，否則有人告發，就嚴查到底，所以沒有人能夠逃脫。

任諒任京東路提點刑獄使，因為梁山泊漁民做盜賊，任諒下令每五家登記，在船上編號，各縣的水面分界線建立標誌，有強盜則督查官吏捕捉，所以盜賊無所容身。

洪邁《夷堅乙志》卷六《蔡侍郎》說，蔡居厚任鄆州知州時，有梁山泊強盜五百人投降，但是蔡居厚把他們全部殺掉。

宣和六年（1124 年），尚書左丞宇文粹中言：

> 近歲南伐蠻獠，北瞻幽燕，關陝綿茂，邊事日起，山東、河北
> 寇盜竊發。賦斂歲入有限，支梧繁夥，一切取足於民。陝西上戶，
> 多棄產而居京師。河東富人，多棄產而入川蜀。河北衣被天下，而
> 蠶織皆廢。山東頻遭大水，而耕種失時。〔註28〕

宋、金聯合滅遼，收復燕山，給河北、河東和京東路帶來嚴重負擔。〔註29〕陝西富人早已逃往京城，山西富人很多逃往四川。北宋還沒滅亡，亂象已經叢生。京東路又頻發水災，所以民變四起。宣和六年的第二年，金兵就南下滅宋，這是王朝崩塌的前夜。

結合北宋末年京東路漕運官員的暴政導致民間武裝四起，再看《清明上河圖》所畫來自京東路的五丈河運糧船，我們才能真正理解京東路人張擇端畫這幅圖的真正用意！

有人推測張擇端沒有在南宋初年逃到南方，很可能死在北方，所以金朝的張著等人能夠知道他的生平。我認為這種推測很有道理，如果張擇端到了南方，以他曾經的身份和水平，應該會在南宋有較高的地位，會在史書留下記載。或許張擇端回到了家鄉山東，死在了那個動亂的年代。

〔註28〕〔元〕脫脫等：《宋史》卷一七九《食貨下一》。
〔註29〕〔宋〕陳均：《九朝編年備要》卷二九宣和六年六月。

第六章　《清明上河圖》內容研究

第一節　前人對木拱橋的誤解

張擇端的《清明上河圖》上，現在有金代四個人的跋詩：

1. 張公藥的跋詩：「通衢車馬正喧闐，祗是宣和第幾年。當日翰林呈畫本，昇平風物正堪傳。水門東去接隋渠，井邑魚鱗比不如。老氏從來戒盈滿，故知今日變丘墟。楚柂吳檣萬里舡，橋南橋北好風煙。喚回一餉繁華夢，簫鼓樓臺若個邊。竹堂張公藥。」

2. 酈權的跋詩：「峨峨城闕舊梁都，二十通門五漕渠。何事東南最闐溢，江淮財利走舟車。車轂人肩困擊磨，珠簾十里沸笙歌。而今遺老空垂涕，猶恨宣和與政和。京師得復比豐沛，根本之謀度漢高。不念遠方民力病，都門花石日千艘。鄴郡酈權。」

3. 王磵跋詩：「歌樓酒市滿煙花，溢郭闐城百萬家。誰遣荒涼成野草，維垣專政是姦邪。兩橋無日絕江舡（東門二橋，俗謂之上橋、下橋），十里笙歌邑屋連。極目如今盡禾黍，卻開圖本看風煙。臨洺王磵。」

4. 張世積的跋詩：「畫橋虹臥浚儀渠，兩岸風煙天下無。滿眼而今皆瓦礫，人猶時復得璣珠。繁華夢斷兩橋空，唯有悠悠汴水東。誰識當年圖畫日，萬家簾幕翠煙中。博平張世積。」

根據圖上元代人楊準的跋文，這些人是亡金諸老，顯然是金朝末年到元代初年人，距離《清明上河圖》繪畫的年代又過了一百多年，開封城早已不是北宋繁華時期的景象，所以他們的判斷不足為據。

他們誤以為這幅圖上畫的是開封城最著名的汴河，隋煬帝開通的汴河通往東南的江淮，帶來了東南的財富，汴河在開封府的南部。孟元老《東京夢華錄》卷一《河道》:「中曰汴河，自西京洛口分水，入京城。東去至泗州，入淮。運東南之糧，凡東南方物，自此入京城，公私仰給焉。」所以金末人的詩句中出現了隋渠、楚柁吳檣、東南、江淮江船、汴水等詞，甚至在自注中寫明上橋、下橋，即上土橋、下土橋。虹臥是文學修辭，比喻如同彩虹，很多橋都可以如此比喻，自然不能因此判斷那座橋的正式名字是虹橋。這些金代人的誤判，給現代人帶來了極大的影響。

雖然孟元老《東京夢華錄》提到外城之外的虹橋是拱橋，但是我們不能認為宋代的開封只有這一個拱橋。

其實開封汴河沿岸全是拱橋，北宋王辟之《澠水燕談錄》卷八記載:

> 青州城西南皆山，中貫洋水，限為二城。先時跨水植柱為橋，每至六七月間，山水暴漲，水與柱鬥，率常壞橋，州以為患。明道中，夏英公守青，思有以捍之。會得牢城廢卒，有智思，疊石固其岸，取大木數十相貫，架為飛橋，無柱，至今五十餘年不壞。慶曆中，陳希亮守宿，以汴橋屢壞，率嘗損官舟，害人。乃命法青州所作飛橋，至今沿汴皆飛橋，為往來之利，俗曰虹橋。

宋仁宗明道年間（1032～1033年），青州有一個獄卒，發明了木拱橋。慶曆年間（1041～1048年），宿州知州陳希亮推廣到汴河沿線。

但虹橋在此前已經出現，《宋會要》方域一三《橋樑》

> 天禧元年正月，罷修汴河無腳橋。初，內殿承制魏化基言，汴水悍激，多因橋柱壞舟，遂獻此橋木式，編木為之，釘貫其中。詔化基與八作司營造，至是三司度所廢工逾三倍，乃請罷之。[註1]

宋真宗天禧元年（1017年），就有人建議在汴河上造一種無腳橋，就是木拱橋、虹橋，但是最終因為三司認為廢工，而沒有建成。這種橋應該在此前早已出現，只不過因為在汴河上建造，體量太大，所以推廣較慢。

第二節　前人對城內荒地的誤解

五丈河南側的道路通往外城的東門新曹門，因為五丈河的河道而向東南

[註1]　〔清〕徐松輯:《宋會要輯稿》方域一三之二一。

彎曲，也很繁華，但是《清明上河圖》沒有畫出來。《清明上河圖》畫出了五丈河東北部的部分，比較荒涼，不代表外城之內的所有景象。

很多人誤以為古代的城牆以內看不到田園風光，其實古代很多大城市的城牆以內都有田園風光。古代人口沒有現代多，城牆往往是出於軍事需要建立，城內未必處處都是繁華之地。

開封的外城是周世宗柴榮建造，周長四十八里，明代的南京城周長才35千米，明代南京城內的北部也很空曠，一直到民國時期，南京城北的大片空地才得到開發，宋代的開封外城以內也不可能沒有空地。

後周顯德二年（955年）下詔建造開封的外城之前，外城以內有很多田舍和墳墓，都被框進了外城之內，詔書說：「今後凡有營葬，及興窯灶並草市，並須立標識七里外。」可見開封外城之內原來有很多墳墓，既然《清明上河圖》的右上方畫的是外城之內的五丈河東北部，自然會有原來的墓地，圖上畫出了掃墓的隊伍，可能是祭祀外城之內的墓地，也有可能是去外城之外。

後周修建開封外城之前，開封內城之外的街道應該是沿內城門之外的乾道延伸，四角最為荒涼。修建了外城之後，外城之內仍然是四角最為荒涼，《清明上河圖》右上方正是外城之內的東北角，所以比較荒涼。

古代中國很多運河城市，都在城外的河道兩旁，形成繁榮的商業區。這和西方中世紀在城堡之外形成的下城 downtown 非常類似，河邊的新市區也是在低窪的地方。杜牧《上李太尉論江賊書》:「凡江淮草市，盡近水際，富室大戶，多居其間。」

因此古代很多大城市，最繁華的地方不是在城內，反而是在城外的碼頭，比如蘇州城西北閶門外到虎丘的山塘街，無錫城東南的南長街，淮安城北的河下鎮，泰州城北的東西壩，廈門城外的廈門港，福州城南的上下杭，廣州城南的上下九，上海城東的十六鋪。而很多古代城市的城牆以內都很多空地，所以我們不能根據繁華和荒涼來判斷古代地圖上畫出的地方是不是在城牆之內。

現在蘇州的園林基本上都是在城內的東部，正是因為古代蘇州是城外西側靠近運河的地方繁華，而城內是東側荒涼。

第三節　解字招牌的民居

很多人注意到了《清明上河圖》左下角的瓦子南面有一個民居，屋簷下

向路面伸出一個小木棍，懸掛的布條上有一個解字。這個字的意思，前人也有很多爭議，現在多數人認同當鋪說。

鄭振鐸提出解字通廨，是官廨。〔註2〕但是圖上的這個建築顯然是民居，不是官廳。朱家溍首次提出是當鋪，根據是宋末元初的周密《癸辛雜識》別集下提到解庫，就是當鋪。〔註3〕劉坤太找到更多的當鋪說證據，宋代吳曾《能改齋漫錄》：「江北人謂以物質錢為解庫，江南人謂為質庫。」北宋何薳《春渚記聞》卷六《蘇劉互諧》：「因使之代掌小解，不逾歲，偶誤質盜物，資本耗折殆盡。」小解就是一個小當鋪，宋人《新編五代史評話》：「咱待把三五百貫錢，與他開個解庫，撰（賺）些清閒飯吃，怎不快活。」元代楊景賢雜劇《劉行首・三》：「小生姓林名盛，字茂之，在這棟樑域裏開著座解典庫。」〔註4〕

還有人認為是佛寺的解會，但是此處顯然不是佛寺。也有人認為是解卦，但是看不到算命先生，算命先生一般在路邊，不可能有如此大的店面。更有甚者，認為是科舉考試的機構，解是解額，這完全是誤解。首先這不是官府，其次北宋開封科舉考試的機構貢院不在此處。甚至有人誤以為圖上旁邊的瓦子中間說書的藝人是管理科舉的官員，非常滑稽。

解字招牌的店門口有兩個高大的竹木製品，圖上右側王家紙馬鋪旁邊的小酒館門口也有兩塊，從花紋來看，中間是竹編。這種放在門口的竹木製品，周寶珠稱為門牌，孔慶贊稱為門床或涼床。萬煒認為是門障，也可以稱為屏具，他指出在五代董源《夏山深遠圖》、北宋郭熙的《雪景圖》、趙令穰《湖莊清夏圖》、李唐《畫雪景圖》、南宋馬遠《山水圖》、元代趙孟頫《鵲華秋色圖》、明代周成《春山遊騎圖軸》、文徵明《滸溪草堂圖卷》、謝時臣《太行晴雪圖卷》、米萬鍾《雨過岩泉圖軸》、侯懋功《山村輕話圖》、清代吳宏《燕子磯圖》、《莫愁湖圖》、張學功《仿巨然山水圖》、袁耀《盤車圖軸》、徐揚《姑蘇繁華圖》等圖畫上都出現在建築的門口，類似現在日本的竹製暖簾，放在大門口，遮風擋雨，隔斷大街和門內的視線。〔註5〕

我認為這種竹木製品確實是屏具，但是現代日本的竹暖簾還不是最接近

〔註2〕鄭振鐸：《清明上河圖的初步研究》，《故宮博物館刊》1958年第1期。

〔註3〕朱家溍：《關於〈清明上河圖〉中的「解」字招牌》，《故宮博物院刊》1960年第2期。

〔註4〕劉坤太：《〈清明上河圖〉中的「解」》，《河南大學學報》1987年第1期。

〔註5〕萬煒：《〈清明上河圖〉中「解」字招牌店鋪的屏具研究》，《裝飾》2016年第8期。

《清明上河圖》上的門障，日本的竹暖簾沒有木頭邊，四角也不突出。

其實現在的國內仍然有非常類似《清明上河圖》的門障，我在漳州龍海市的海澄鎮、石碼鎮等地還能見到很多。漳州人稱為竹格子，應該是竹隔子，在閩南語中是同音，都是 tik-keʔ-a。竹格子解釋不通，竹隔子才能解釋。因為這種物品原來就是隔斷路人和對門的視線，隔斷陽光。

《清明上河圖》的竹隔子、今天漳州海澄鎮的竹隔子

漳州的朋友介紹，竹隔子還有很多風水文化，據說如果對門牆上有突出的建築構件，就要在門口放置竹隔子擋住殺氣。我們看到今天的一些竹隔子上面確實有八卦的花紋，也有一些寫有「格外春風」四個字，格外春風是雙關語。不過這些說法應該是很晚才出現，最早的實用功能應該是阻擋視線和風雨。我們看到宋代趙士雷《江鄉農作圖》上的農舍門口也有竹隔子，古代書畫上有竹隔子的農舍門外往往沒有其他建築，所以風水說是晚出的附會。

海澄鎮原來是一個小村，明代中期興起為東南最大的貿易港口，嘉靖四十五年（1566 年）設海澄縣。1960 年龍溪縣和海澄縣合併為龍海縣，1993 年改為龍海市。海澄鎮是一座衰落的老縣城，有很多明代的文物。歷史上的福建因為有大山的庇護，戰爭較少，保留了很多古代的文化和用品，所以宋代的門障能在今天的福建見到。但是這種屏具在《金陵圖》上反而看不到，不應該是南宋的金陵沒有，而應該是畫家沒畫。

家家有竹隔子的海澄老街

　　雖然我們肯定《清明上河圖》的竹隔子就是現代漳州人還在使用的竹隔子，但是我們也應該看到二者還有細微差別，現代漳州的竹隔子稍短一些，上端是用繩子懸掛，下面還有一根木棍支撐，而《清明上河圖》的竹隔子是直接放在地上。懸掛起來，可以在竹隔子和大門之間留下很寬的空間，更方便人進出，這很可能是更晚的發展。

竹隔子正面的八卦花紋和背面

第四節　比較《金陵圖》與《清明上河圖》

我們比較《金陵圖》和《清明上河圖》就會發現這兩幅圖有很多共同點，都是非常寫實的城市畫，而不是文人寫意山水花鳥畫。

在選取的地域上，兩幅圖有很大的不同。《清明上河圖》沒有畫到城外，但是也畫到了外城之內的田園風光。而《金陵圖》則有一半是在城外，還有城西和城東兩部分。

再看城內的部分，兩幅圖中心都是河流和橋樑，鬧市是在河流的岸邊，這兩幅圖的構圖如此類似。宋代的城市打破了以前的坊市制度，商業更加繁榮，所以才有我們看到的《清明上河圖》和《金陵圖》。宋敏求《春明退朝錄》卷上：「二紀以來，不聞街鼓之聲，金吾之職廢矣。」此書是在宋神宗熙寧三年（1070 年）到七年（1074 年）寫成，所以此前的二紀，是在宋仁宗慶曆、皇祐年間，那時已經廢除了用街鼓開關坊門的制度。朱長文在神宗熙寧七年寫成的《吳郡圖經續記》卷上《坊市》：「近者坊市之名，多失標榜，民不復稱。」〔註6〕

兩幅圖都畫出了橋頭的茶水棚子，非常類似，《清明上河圖》是在望春門外的橋頭東北部，《金陵圖》是在清化橋的西南部。甚至橋頭攤子上的擺設都很類似，反映了宋代的時代特色。比如《清明上河圖》小橫橋西南的攤子上，放了很多小瓶子，這和《金陵圖》東門外白下橋攤子上的小瓶子非常類似，應該是賣飲料的攤子。

兩幅圖都畫出了木匠鋪，門口都有人在製作車輪，略有不同的是，《清明上河圖》木匠鋪門口的人比較少，僅有兩個人，一個人在製作車輪，一個人用刨木頭。不過對面還有一個人，右手提一個鋸子，左手托著一摞器皿，正在往木匠鋪走，他很可能也是木匠鋪的一個夥計。《金陵圖》上的木匠鋪，人數比較多，門口有五個人，店內有一個人。《金陵圖》的木匠鋪是正視圖，可以看到店裏，《清明上河圖》的木匠鋪是側視圖，看不到店裏。《清明上河圖》的木匠鋪，門面比較小，門口的零件非常密集，幾乎沒有落腳之地，但是《金陵圖》的木匠鋪門面比較大，所以畫出來的零件雖然也很多，但是還有很多空地。《金陵圖》上還畫出了小車的木架，畫出的零件種類比較多。

〔註6〕〔日〕加藤繁著、吳傑譯：《中國經濟史考證》，北京：商務印書館，1962 年，第頁。

《清明上河圖》的茶水棚子、木匠鋪

　　兩幅圖上都畫出了飯店門口的歡門，孟元老《東京夢華錄》卷二《酒樓》記載：「凡京師酒店，門首皆縛綵樓歡門。」歡門是用木頭搭成很高的架子，綁上很多彩布，顯得異彩紛呈，用以招攬顧客，類似現代的霓虹燈。

　　南宋吳自牧《夢粱錄》卷十六《酒肆》記載杭州：「中瓦子前武林園，向是三元樓康、沈家在此開沽，店門首彩畫歡門，設紅綠杈子，緋綠簾幕，貼金紅紗梔子燈，裝飾廳院廊廡，花木森茂，酒座瀟灑。但此店入其門，一直主廊，約一二十步，分南北兩廊，皆濟楚閣兒，穩便坐席，向晚燈燭熒煌，上下相照，濃妝妓女數十，聚於主廊面上，以待酒客呼喚，望之宛如神仙……如酒肆門首，排設杈子及梔子燈等。蓋因五代時，郭高祖遊幸汴京，茶樓酒肆俱如此裝飾，故至今店家仿傚成俗也。」又記載《麵食店》：「且言食店門首及儀式，其門首以枋木及花樣沓結縛如山棚，上掛半邊豬羊，一帶近里門面窗牖，皆朱綠五彩裝飾，謂之歡門。」

　　在《清明上河圖》上，最繁華的歡門在望春門內的一處酒樓，旁邊伸出在街上的招牌寫有「孫羊店」，這家酒樓有兩層。大門上方的歡門，不僅有兩層，還圍有彩布，木架子上不僅有幾何圖案和花朵，還有類似鳳凰的裝飾。下方又掛有花燈，比《金陵圖》上最繁華的歡門要複雜，但是總體造型非常類似。都是三角形的木架間隔排列，只不過《金陵圖》上的歡門沒有鳥形裝飾。

《清明上河圖》孫羊店的歡門

這種尖尖的三角架子，可能就是宋代人所說的紅綠杈子，四周的彩布就是宋代人所說的緋綠簾幕，金紅紗梔子燈應該是一種花燈，類似後世的紅燈籠。《清明上河圖》孫羊正店的歡門下方垂有四個彩球，兩個是方形，兩個是圓形，這很可能就是梔子燈。

有人誤以為《清明上河圖》十千腳店歡門下方垂下的布簾為梔子燈，其實十千腳店的歡門是另一種結構，沒有梔子燈。

歡門的風俗據說源自五代，說明宋代很多商業風俗源自晚唐五代。唐朝和宋朝的風俗差異很大，宋代很多變化其實是源自晚唐。晚唐五代，戰亂頻仍，官府控制力下降，所以民間商業更加發達。開封城的外城就是後周修建，為了把晚唐以來在城外形成的商業區，囊括到城內。

在《清明上河圖》的右側（東北部），還有兩個酒店門口有簡單的歡門，一處是在運糧船密集的五丈河北岸，酒店的大門朝向西北，從南方可以看到側視的歡門。一處是在更東部的王家紙馬鋪右側（西側），門朝西南，門口的幌子上寫有小酒。總體來看，在《清明上河圖》上，越往東北，市面越蕭條，酒店和歡門的規模也越小。

《清明上河圖》第二處歡門

《清明上河圖》第三處歡門

　　不僅東京開封府的酒樓有歡門，《金陵圖》畫出南宋建康府的四處酒樓也有類似的構件：

　　1. 最複雜的是清化橋東南的一處酒店，歡門架在屋簷之外，分為很多層，每一層都用彩布圍起來。木頭的造型很多，顏色也很豐富。最上面高出的尖角上有很多花，最中間的地方最高，花也最多。旁邊還向路上伸出一面旗幟，有紅色白色相間的條紋。因為清化橋的最繁華的地方，所以飯店的生意最好，酒店的歡門也最複雜。

　　2. 第二處是西門內的一處酒店，歡門比較簡單，僅有兩層，架在屋簷之外，都是紅色，上面一層的造型稍微複雜，方格的中間有如意的造型。下面一層比較簡單，就是紅色方格。這一處酒店的門框內有別具一格的紅色木雕，門板的下方也有如意的花紋。

　　3. 第三處是藥局和旅店的對面，在路的南面，也是一個酒樓的門口，但是只能看到一部分，僅有木頭架子，沒有彩色的木雕和彩布。但是這種僅有木頭架子的歡門非常類似《清明上河圖》小橫橋西南的十千腳店的歡門，不同之處是十千腳店的歡門完全在屋頂上，更加高大。因為《金陵圖》這一處歡門不是正視圖，所以看不到全貌。

　　前人指出，南唐衛賢《閘口盤車圖》的酒店門口也有這樣的歡門，也很高大，可見南唐的金陵城酒店門口早已有這樣的歡門。《閘口盤車圖》和《金陵圖》的這兩處歡門，似乎都是在門口而不是在屋頂上。

　　4. 第四處是東門內，路北側的一處酒店，歡門最為簡單，甚至不能稱為歡門，僅僅是用三個木棍，紮起來放在屋簷上，分為六組。

　　另外金陵城東門外的路北側第一處房屋，屋簷上也有紅色的木頭架子，不知道是不是歡門，因為這個店未必是酒店，當然我們也不能排除其他店也使用歡門來招攬顧客。

　　比較《金陵圖》和《清明上河圖》，也有很多不同之處。《清明上河圖》的街道不是單一筆直的一條街道，而是很多條街道分布在河流的兩側，跟隨河道有所彎曲。《金陵圖》的街道看上去是一條街道，其實在現實中不存在這條街道。秦淮河在現實中也是彎曲的河流，不是筆直的河道，所以《清明上河圖》的河流和街道更加寫實。《金陵圖》的城外風景畫得很天然，唯獨城內的河流和街道似乎顯得比較生硬。

馮寧摹本《金陵圖》的清化橋東南酒店歡門

馮寧摹本《金陵圖》的西門內酒店的歡門

《清明上河圖》、《閘口盤車圖》的歡門

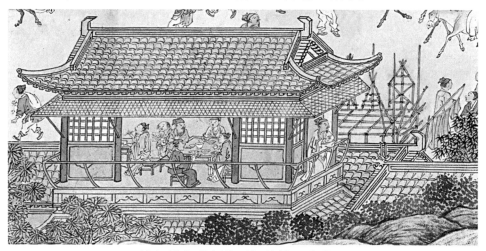

馮寧摹本《金陵圖》的第三處歡門

　　再看《清明上河圖》的街道建築更加分散，房屋分為一個又一個聚落，似乎是作者要表現一個又一個街區，這一點也比《金陵圖》寫實。《金陵圖》未能反映金陵城內的坊巷分隔，這是一個遺憾。

　　而且《清明上河圖》的商店名稱和招牌比《金陵圖》繁多，人物比《金陵圖》豐富，這些都是《清明上河圖》勝出之處。首先是因為北宋的國力比南宋

更強，開封是北宋的都城，人口本來就比南宋的金陵城多。其次是因為南宋前期，國力嚴重衰落，所以畫家也沒有太多的精力再畫出一幅超過張擇端《清明上河圖》的畫作了。

其實《清明上河圖》和《金陵圖》的內涵最大差異，是《清明上河圖》中描繪出一種緊張喧囂的氣氛，全圖最中心的那條船，很多人在救掉進河裏的人，又怕撞到橋上，船上的人慌作一團，橋上的人和岸邊的人也慌作一團。《清明上河圖》蘊含的這種張力，在《金陵圖》上看不到。《金陵圖》的水門竟然沒人防守，圖上是一種渙散安寧的氣氛，這是紹興和議之後的南宋景象。

但是《金陵圖》也有勝過《清明上河圖》的地方，首先是畫出了長江、水門和沙洲上的水田、湖泊，這些都是《清明上河圖》畫出的北方地區不可能有的景象。《金陵圖》的東郊也有農作景象，這是《清明上河圖》郊外缺少的景象，《清明上河圖》的郊外僅有商旅的描繪。大概是因為都城開封郊外的農田不是張擇端關注的對象，作者更關心的是開封城內的商業。

第七章　宋代南京史研究

第一節　宋代新型城市

其實北宋的都城開封和傳統的漢唐都城相比，已經很不像是北方的都城了。開封城在北宋之前從來不是統一王朝的都城，就是因為晚唐的中原嚴重依賴東南的漕糧，使得運河上的開封逐漸成為重要的城市。朱溫從開封起家，統一中原。開封是依靠運河才繁榮的城市，這和漢唐都城長安、洛陽完全不同。長安地處關中，洛陽是關西和關東的交接點。開封完全是大平原上，無險可守，本來不應該成為都城。但是開封的優勢是靠近江淮，方便得到東南的財富。《宋史·河渠志》指出宋朝定都在開封的原因：「至國家膺圖受命，以大梁四方所湊，天下之樞，可以臨制四海，故卜京邑而定都。」

開寶九年（976年），趙匡胤想遷都洛陽和長安，到了洛陽就不走，群臣意見不一，發生爭論，鐵騎左右廂都指揮使李懷忠上言：「東京有汴渠之漕，歲致江淮米數百萬斛，都下兵數十萬人，咸仰給焉。陛下居此，將安取之？」如果遷都到洛陽，就不太容易得到每年來自東南的數百萬斛糧食，所以趙匡胤最終沒有遷都洛陽。

從開封這個都城開始，南宋的都城臨安、元明清的都城北京都是建在運河岸邊的城市，所以開封是中國都城史上的一個轉折點，也反映了中國歷史上重要的唐宋變革。

賀雲翱老師發現西安、南京、北京三個城市大致上是等邊三角形，我認為這個發現非常重要。如果我們從唐代長安城東門春明門的位置（今咸寧路

站附近）測量到明代南京城西北門儀鳳門的直線距離是 939 千米，從儀鳳門
到明代北京城的南門正陽門的直線距離是 891 千米，從北京正陽門到西安春
明門的直線距離是 907 千米，大體上確實差不多。

北京是在華北大平原東北角和塞外草原的交接帶，南京是在華北大平原
和江南水鄉的交接帶，西安是華北大平原和西域絲綢之路的交接帶，北京、
南京和西安恰好是在華北大平原的三個門戶。北京是北方民族王朝遼金元南
下華北大平原的基地，所以被定為都城。南京是來自吳越的孫吳走向江淮和
中原的基地，所以被定為都城。

如果我們再把開封放在地圖上，就可以發現，開封到西安、南京、北京
的距離竟然大致也是相等。從宋代開封皇城南門宣德門到春明門的直線距離
是 495 千米，從宣德門到儀鳳門的直線距離是 507 千米，從宣德門到正陽門
是直線距離是 593 千米。

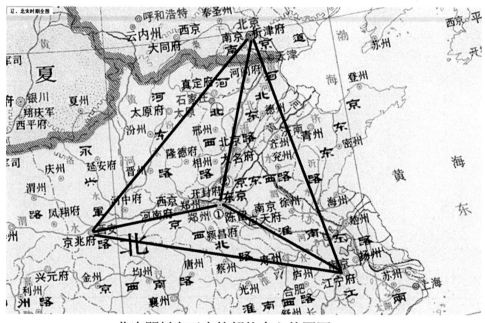

北宋開封在三大故都的中心位置圖〔註1〕

開封恰好在三大古都的中心位置，也不是偶然，開封在洛陽盆地的東部，
是從河洛走向大平原的門戶。所以開封在中國都城從西安向南京和北京的過
渡時代，必然成為一個過渡的都城。

〔註1〕底圖來自譚其驤主編：《中國歷史地圖集》第六冊，第 1 頁。古都之間的黑色
　　　粗線是本書添加。

學者認為宋代仍然算作中古史，也有學者認為宋代應該算作近世的開端。日本學者內藤湖南提出的唐宋變革論得到學界的普遍接受，也有學者提出宋元變革論。所以我們時常使用唐宋這個詞，也經常使用宋元這個詞，其實宋代就是一個很長的過渡時代。宋代是從漢唐時代向元明清時代過渡的一個時代，其都城恰好也在都城過渡的中心位置。

宋代開始，都市普遍打破了坊牆的限制，臨街開設店鋪，還在河邊甚至橋上開店，而且形成夜市，通宵達旦交易。宋仁宗天聖三年（1025 年）：「正月，巡護惠民河田承說，言河橋上多是開鋪販鬻，妨礙會。是月，詔在京諸河橋上不得令百姓搭蓋鋪占欄，有妨車馬過往。」〔註2〕說明開封的橋上有太多商店，一方面可見宋代橋樑的規模變大，另一方面可見宋代商業發達。

開封雖然已經開始了都城的轉型，但是畢竟是北方的城市，不是南方的城市。南方的都城建康在六朝時期就表現和北方都城非常不同的地方，六朝建康城的外部靠長江作為防線，所以最初沒有特別高大的城牆。六朝建康城的外圍是跟隨運瀆、清溪等河流的走向，而不像北方的都城是在大平原上規劃地橫平豎直。六朝建康城以周圍的山川湖泊來對應四象：青龍、白虎、朱雀、玄武，這是北方城市缺乏的景觀。

所以宋代《金陵圖》代表了南方的都城風貌，《清明上河圖》代表了北方的都城風貌。令人感到有些遺憾的是，《金陵圖》未能反映南方都城很多不同的特點，沒有畫出水網限制的城牆，沒有畫出四象的山川。《金陵圖》上的東門、西門的下方都有高崗，這是作者想像出的意象，其實金陵城的東門、西門南部都不是緊靠高崗。

這些也能證明宋代《金陵圖》的作者很可能是一個北方人，他看到水門、水田、江船等南方的風景，感到非常新鮮，畫在了圖上。但是他畢竟是北方人，對金陵城的歷史和地理還不是很熟悉，所以沒有畫出真正反映六朝以來金陵城特點的很多重要景觀。上文已經從秧馬的錯誤，發現作者是一個南宋初年剛剛來到江南的北方人。

第二節　南宋陪都建康府

南宋以建康府為陪都，俗稱為留都，但是皇帝的正式詔書都稱為陪都，

〔註2〕《宋會要輯稿》方域一三之二一。

文人也稱為陪京。南宋建康知府的兼職多達 19 種，在建康府的重要官府有都督府、宣撫司、制置司、侍衛馬軍司、建康府御前諸軍都統制司、淮西總領所、江東轉運司、行宮留守司、提領建康府戶部贍軍酒庫所、提領江淮鹽茶所、經制邊防財用司、江東總管鈐轄司。〔註3〕

建炎元年（1127年），尚書右僕射兼中書侍郎李綱，對高宗趙構提出：「天下形勝，關中為上，建康次之。宜以長安為西都，建康為東都。各命守臣，葺城池，治宮室，積糗糧，以備臨幸。則天下之勢安矣。」高宗出其章，付中書。衛尉少卿衛膚敏言：「建康實自古帝都，外連江淮，內控湖海，為東南要會之地，宜急趣下，嚴詔夙期東幸。」中書舍人劉珏亦言：「金陵天險，前據大江，可以固守。」廷臣率附其議，認為應該定都在長安或建康。而投降派的姦臣汪伯彥、黃潛善，力主去東南，他們不想恢復中原，只想偏安一隅。趙構一共來過三次建康府，每次都只有幾個月。

建炎元年六月二十六日，詔右司員外即劉寧止，除直龍圖閣同提領水軍沿江制置副使。閏八月一日，詔奉議即徽猷閣待制淮南西路制置使胡舜陟，除沿江都制置使知建康府兼江南東路安撫使。

建炎三年（1129年）正月，金兵破徐州、泗州。二月，趙構在揚州尋歡作樂，金軍迅速從渡過淮河，從天長南下揚州，要活捉趙構。黃潛善、汪伯彥瞞報軍情，金軍差點活捉趙構，趙構僅帶了幾個隨從，慌忙渡江逃脫。揚州數十萬人受難，很多人找不到渡船，死在江邊。呂頤浩扈從至秀州（今嘉興），除資政殿學士同簽書樞密院事、江淮兩浙制置使。引贏兵千餘人，守揚子江。乃沿路召募潰散之兵，得四五千人。就鎮江府之北，枕江下砦，與金人對岸相持，僅一月。呂頤浩被甲乘輕舟，時於江中，往來督責軍將官，以舟濟渡江北被敵逃歸官員、士庶、軍兵、家小。及選募敢死之士過江，遇夜燒劫敵砦。又分遣兵將官沿江上下招集潰兵，朝廷命呂頤浩領江寧軍府事。此時劉光世在鎮江，王淵在蘇州，張俊在吳江，張浚在秀州（今嘉興）。趙構看到金軍北回，想去江寧，但是他在三月一日下詔說四月才去，可見仍然比較害怕。

趙構逃到杭州，扈從統制官苗傅和御營副將劉正彥發動兵變，劫持趙構，逼迫其讓位給太子，改元明受。苗、劉想定都在金陵，三月二十八日，趙構被迫下詔稱：「以江寧府王氣龍盤，地形繡錯。據大江之險，茲惟用武之邦。當

〔註3〕 梁天錫：《南宋建康軍府之形成與發展》，《宋史研究集》第二十輯，1990年，第 121～181 頁。

六路之衝，實有豐財之便。將移前蹕，暫駐大邦。外以控制於多方，內以經營乎中國。」四月，趙構在張浚、韓世忠等大將的支持下復位，苗、劉敗逃到福建，被韓世忠擒獲，送到建康府磔殺棄市。

　　五月，在揚州大逃亡和御營司兵變之中丟盡臉面的趙構，為了假惺惺地作出抗金的姿態，到江寧府，駐蹕神霄宮，下詔改江寧府為建康府，恢復了消失了五百多年的六朝都城古名。五月八日趙構在江寧府城內，下詔稱：「詔改江寧府為建康府。建康之地，古稱名都。既前代創業之方，又仁祖興王之國。朕本繇代邸，光膺寶圖。載惟藩潛之名，實符建啟之義。蓋天人之允屬，況形勝之具存。興邦正議於宏規，繼夏不失於舊物。其令父老，再覩漢官之儀。亦冀士夫，無作楚囚之泣。江寧府可改為建康府，其節鎮舊號如故。」閏七月，趙構就離開建康，又回到杭州。此次在建康府，僅有四個月。趙構回到杭州，就以州治為行宮，升杭州為臨安府，表明了他要在杭州安定的心意。

　　建炎三年七月，金兵南侵，東京留守杜充從開封敗退建康。閏八月，以右僕射、同平章事兼江淮宣撫使、知建康府，領行營之眾十多萬，留中書印付之。韓世忠為浙西制置使，守鎮江。劉光世為江東宣撫使，守太平（今當塗）、池州，都受杜充節制。

　　十一月，金兀朮率軍在建康府西南的馬家渡過江，杜充再次臨陣脫逃，渡江到六合，不久降金。金軍攻下建康，從廣德、湖州，直撲臨安府（今杭州）。建炎四年正月，兀朮打到明州（今寧波），趙構慌忙從明州入海，乘船逃到溫州，南方各地大亂。二月，兀朮返回臨安府。三月，兀朮從平江府（今蘇州）、常州、鎮江府北回，四月渡江北返。八月，趙巚知建康府兼江東兵馬鈐轄。

　　紹興元年（1131 年）正月，趙構在越州，升越州為紹興府，紹興就是繼續中興的意思。十一月才敢回到臨安，他在紹興連住了近一年，比他在建康府的時間長多了。

　　正月，呂頤浩為江東安撫大使兼知池州。六月，張鎮知建康府，此時江東路的駐地移到池州。九月，葉夢得為江東安撫大使、知建康府兼壽春、滁、濠、廬、和、無為軍六郡宣撫使，江東路的駐地回到建康府。

　　紹興二年（1132 年）閏四月，趙構命李光為知建康府、江東安撫大使，兼六郡宣撫使，開江淮荊浙都督府。命李光即府舊治，修為行宮，即南唐皇宮故地，李光增創後殿。九月，韓世忠為江東西宣撫使，置司建康。

紹興三年（1133年）三月，韓世忠移到淮東，劉光世為江東宣撫使，屯鎮江。九月，劉光世為江東淮西宣撫使，移到池州。韓世忠為鎮江、建康府、淮東宣撫使，移到鎮江。賜鎮江、建康宣撫使韓世忠詔書：「勅世忠，朕惟時已戒寒守，當嚴備循江流而扼險，顧力散以難周聯形勝，以宿師則勢專而易應。眷昇、潤東西之府，據江淮南北之衝，走集所趨，舳艫交會。封疆之接，雞犬相聞。曾無數舍之遙，奚假兩軍之重。乃命江東之戍，更蒞池陽。遂因京口之屯，並臨建鄴。仍資威望，分控長淮。惟卿勇不顧身，忠無擇事。寬其分部，庶能展足，以赴功睦，乃比鄰尚克，同心而濟。」

紹興五年（1135年）正月，宰相趙鼎建議趙構駐蹕建康，韓世忠改淮東，劉光世改淮西，張俊改江東，都是宣撫使。張俊所部神武右軍駐建康，十二月，王德所部八千人併入。

紹興六年（1136年）六月，右僕射臣張浚謂：「東南形勢，莫重於建康，實為中興根本。奏請聖駕，以秋冬臨幸建康。」八月，張俊改到泗州。九月，劉豫徵兵三十萬，從壽春、渦口、光州三路南侵，敗回。十月，樊相伯提領江淮營田，置司建康。

紹興七年（1137年）三月辛未，趙構到建康。張俊軍到建康，八月張俊軍回盱眙。十一月，金廢劉豫為蜀王。十一月癸亥，趙構離開建康，戊寅到臨安府，正式定都在臨安府。此次在建康府僅有八個月，是最長的一次。參照北宋的西京洛陽府留守司體例，知建康府兼行宮留守。

紹興十年（1140年），張俊軍回建康，八萬人皆精銳。十一年（1141年）四月，張俊為樞密使，其軍改為建康府的御前軍。十二月，趙構和秦檜殺岳飛。十二年（1142年），宋金和議成，南宋把已經收復的河南、陝西又拱手讓給金朝，向金稱臣，每年獻上銀絹各二十萬兩匹。

金正隆六年、南宋紹興三十一年（1161年）六月，完顏亮遷都汴京（今開封）。九月，金軍四路南征，想一舉滅宋。南宋將領都統制王權逗留在建康府，金軍席捲淮南，到達和州（今和縣）。膽小如鼠的宋高宗趙構再次準備逃入海中，杭州亂成一團。十一月，知樞密院事葉義問督視江淮軍馬，到建康府罷免王權，改用李顯忠。李顯忠未到任，葉義問派中書舍人虞允文到采石犒軍。虞允文指揮宋軍，在采石打敗渡江的金軍。完顏亮改從揚州渡江，被部將殺死。趙構雖然又逃過一劫，但是這場戰爭卻標誌著紹興和議的失敗，讓趙構再次丟盡臉面。

　　十二月，張浚為知建康府，專一措置兩淮事務兼措置淮東西、建康、鎮江府、江、池州軍馬，張浚請趙構到建康。為了表示抗金的姿態，紹興三十二年（1162年）正月，趙構又到建康，二月還臨安。趙構這次在建康的時間最短，僅有一個月。五月，罷督視行府。六月，趙構禪位給孝宗。七月，孝宗為岳飛平反。孝宗召張浚入朝，張浚請孝宗到建康。

　　趙構三次到建康府，加起來就是一年時間，而且這三次都是戰亂的逼迫之下的無奈之舉。可以看出，趙構實在不想定都建康。建康作為陪都，只是安撫世人的一個幌子。

　　宋孝宗隆興元年（1163年）正月，張浚為樞密使，都督江淮軍馬，置司建康。四月，張浚指揮北伐。五月，宋軍在宿州兵敗。六月，張浚罷都督，仍為樞密使，充江淮東西路宣撫使，節制建康、鎮江府、江陰軍、江、池州軍馬。八月，復為都督。九月，拜相，仍為都督。隆興二年（1164年）四月，張浚又請孝宗來建康，孝宗不來，下詔解都督府。十二月，宋金改訂和議，金宋關係改為叔侄之國，歲幣減少五萬，宋朝退出海、泗、唐、鄧四州。

　　乾道元年（1165年）三月，建康都統兼提舉措置屯田，守臣兼管內屯田使。乾道二年（1166年）二月，建康都統司大軍新額五萬人。

　　乾道三年（1167年）八月二十三日，派史正志知建康仍兼沿江制置使，自建康至鄂渚（今武漢）舟師並令總之。八月二十九日，新除集英殿修撰知建康府兼沿江制置使史正志言，契勘今沿江制置司，除專一措置水軍海船要為久遠利便之計，所有合用印記，今乞於禮部關借奉使印前去，專充制置司使用。所有創差僉廳一司官吏，竊慮耗費財用，今只就用安撫司僉廳官吏兼制置司職事，卻乞復置省罷闕，請給依安撫司屬官例屬官所帶銜位，稱江東安撫司沿江水軍制置司。所有庫務，更不別置，凡有修造船隻教閱支費，就用安撫司錢物，並從之。四年三月十四日，史正志言乞將到任後節省到錢內支撥見錢十萬貫，收繫制置司水軍赤歷於出產木植州軍收買板木，就建康自置船場，增造一車十二槳四百料戰船，相兼使用，從之。六年以後，省制置司。

　　乾道七年（1171年）三月，從宰相虞允文之議，侍衛馬軍司移到建康，以五萬人為額，此時建康府駐軍額定十萬五千人。六月十二日，賜新除知建康府洪遵詔：「厥今重鎮，莫如秣陵。」

　　淳熙五年（1178年）八月十日，賜知建康府陳俊卿詔：「大江東西，並置

連帥，其屬任等耳。若乃外控淮甸，內屏浙右，建牙作牧，兼寄留都之管龠，則於選擇，抑又重焉。」江南東路、江南西路都設置安撫使，都有防衛長江的重任。但是江南東路安撫使，外控淮南，內屏浙西，又兼管留都建康府，重要性又在江南西路安撫使之上。淳熙十三年（1186年），移采石水軍二千五百人到建康府的靖安鎮。淳熙末年，御前軍與侍衛馬軍僅有六萬九千人。

宋光宗紹熙元年（1190年），御劄賜知建康府江東安撫使章森敕：「章森省所奏劄子，創造見管軍兵營屋等事具悉。陪都重地，軍籍尤備，聯校束伍，必有營壘之固，而事功創舉，實資長才。」〔註4〕

紹熙二年（1191年），武功大夫、榮州刺史充建康府駐劄御前諸軍都統制趙濟的《御前諸軍都統制司（在行宮北，紹興十二年建）題名記》：「高宗既成中興大業，駐蹕錢塘，歸馬牧牛，韜囊弓矢，盡收兵柄，掌之樞庭。選將列帥，分屯要區。以金湯屏蔽，矧茲建業，為時陪京。控扼長江，襟帶淮右，尤為重鎮。始紹興丁巳，以張公循王俊，駐劄於此。」〔註5〕

開禧二年（1206年）五月韓侂冑主持北伐，六月，葉適知建康府。建康都統李爽攻壽春，失敗。七月，葉適兼沿江制置使，此時重設沿江制置使。金軍攻下淮南，到達長江沿岸，葉適報告稱：「安豐、濠、盱眙、楚、廬、和、揚，凡七郡，其民奔迸渡江求活者，幾二十萬家。而依山傍水相保聚以自固者，亦幾二十萬家。今所團結即其保聚下流徙者，雖不能盡在其中，大約已十餘萬家矣。其流徙者，死於凍餓疾疫，幾殫其半。而保聚之民，亦有為敵驅掠而去者，散為盜賊，則又不在焉。度今七郡之民，通計三十萬家，和議未定，室廬不成。」淮南有十多萬人南渡江南，很多人死在路上。還有很多人逃到長江北岸，所以葉適在江北創建了定山、瓜步、石跋三堡。〔註6〕

開禧三年（1207年），韓侂冑因北伐失敗，被史彌遠等人殺害，朝廷起用被韓侂冑打擊的官員。此時建康地方混亂，民間武裝較多，嘉定三年（1210年），以黃度知建康府兼江淮制置使：「正月至金陵，盡四月錢米，所活百餘萬口。除見稅二十餘萬。（賊）夜劫城東南，立就擒，而橫山、鬱山賊皆奔散，公奏赦之。境內奠枕，民畫像祠公，家為香火焉。時盜起鹽城，官軍奔潰，踰

〔註4〕〔宋〕周應合：《景定建康志》卷三。
〔註5〕〔宋〕周應合：《景定建康志》卷二十六。
〔註6〕〔宋〕葉適：《水心集》卷二《安集兩淮申省狀》、《定山、瓜步、石跋三堡塢狀》。

射陽，攻海陵，越入天長，絕運道，將迸之濠、壽，公戍定遠，扼賊西路，給淮東鹽司糧仗，募士鏖擊，遂降卞整，得胡海首，以獻，招其歸業九萬家。初避兵之民，聚於淮西，坐而仰食十萬人，及刺為武定軍，猶三萬，而巢縣忠勇、滁州敢勇、督府、效用，亦數千人……因其思歸，悉散遣之。」〔註7〕

南宋中期因為金、蒙的戰爭，沿江制置使大量招募新軍，成為建康府駐軍的主力，其中很多來自兩淮流民。寧宗嘉定八年（1215年），置龍灣水軍二千五百人。十四年（1222年）十一月，龍灣、靖安水軍合併。十七年（1225年），沿江制置司建立防江軍三千三百人。理宗嘉熙二年（1238年），龍灣置寄泊新軍七百二人。紹定元年（1229年），因為李全之亂，招募效用軍一千四百五十五人。三年（1231年），增創龍灣游擊水軍二千九人。端平三年（1236年），招募兩淮流民，增創制效軍二千三百二十六人。淳祐五年（1245年），趙以夫招募策勝游擊軍三萬人。淳祐七年（1247年），趙葵招募兩淮流民為精銳軍二千五百三十一人。寶祐四年（1256年），馬光祖招募御前游擊軍四千人。景定元年（1260年），馬光祖創立雄武軍五百八十七人。三年到五年的姚希得任內，招募寧江新軍六千二百八十人。新建立的軍隊有四萬五千八百一十六人，又大量建造水寨、戰船和兵器，防守長江。

嘉定十五年（1222年），知建康府、江南東路安撫司兼江淮制置使，復兼沿江制置。宋理宗紹定四年（1231年），以江淮、安撫、制置合為一使，仍加大字。六年（1233年），仍以江東安撫使兼沿江制置使，餘並省。嘉熙元年（1237年），加淮西制置使。三年（1239年）二月，置江淮京湖四川都督府。三月，別之傑兼江淮都督府參贊軍事。四年（1240年）三月，權江淮都督府職事。四月，蒙宋議和，宋朝撤都督府。淳祐元年（1241年），別之傑兼淮西制置使，又兼節制和州、無為軍、安慶府三郡屯田使。十一月，窩闊台卒。

宋理宗寶祐二年（1254年），王埜所撰《景定重建簽廳記》：「自王茂弘以幕府名山，金陵幕為天下重，其來遠矣。我國家中興，置陪都，猶古京洛也。襟帶江淮，關鍵東南。緩急常先四方，每開制置府，聖天子必選重臣蒞之，其一時賓佐，多元戎所自辟，常為天下選。」〔註8〕

開慶元年（1259年）二月《除馬光祖沿江制置大使知建康府兼江東安撫使制》：「荊州控聯蜀道，雖盡護西北之風寒。建鄴拱衛行都，宜重植東南之

〔註7〕〔宋〕葉適：《水心集》卷二十《故禮部尚書龍圖閣學士黃公墓誌銘》。
〔註8〕〔宋〕周應合：《景定建康志》卷二十五。

根本。惟熟器使則履展當，惟精運掉則臂指隨。頻煩元戎十乘之行，益壯長江萬里之險，以大經制，以遠精神。」景定元年（1260年）的《賜馬光祖辭免不允詔》：「勑光祖省所奏辭免除資政殿大學士，仍舊任恩命事具悉。陪都為經營四方之根本，中興以來，如澬、如俊卿，皆以元勳碩輔，再鎮撫是邦。草木知其威名，敵人不敢起飲江之想。」

宋度宗咸淳九年（1273年），蒙古攻下襄陽，知襄陽府呂文煥、沿江都統王喜投降。德祐元年（1275年）二月，賈似道兵敗蕪湖丁家洲，逃奔揚州。元軍入太平州，知建康府趙溍逃走，元軍入建康。

其實南宋第一個皇帝高宗趙構就不想北伐中原，竭盡全力扶持以秦檜為首的投降派，打壓所有主戰派。趙構和秦檜狼狽為奸，殘忍地殺害了功臣岳飛，所以建康府作為陪都只不過是做做樣子。趙構之後的南宋歷代皇帝從來沒有來過建康府的所謂行宮，朝廷給建康府下的詔書，大吹特吹所謂中興根本，看看就好，千萬不可相信。南宋末年，來自浙江台州的大姦臣賈似道專權，連前線戰敗的大事都能瞞報，整天忙著荒淫作樂，不是直把杭州作汴州，而是早已忘記了汴州為何地，哪裏還配談中興兩個字呢！

今天竟有一些荒唐的學者，黑白顛倒，要為歷史上極其罕見的昏君趙構和姦臣秦檜等人翻案，鼓吹他們的紹興和議為東南人民帶來了所謂的和平。可是我們應該義正辭嚴地質問他們，只有東南的人民是人嗎？北方流離失所的人民就不是人嗎？所謂的和議不過是犧牲了中原人的性命，來滿足逃到東南的中原人和東南的少部分人而已。這種雙重標準顯然抹殺人性，是出自山阪海隅的鼠目寸光。南宋一直是拆東牆補西牆，治標不治本，靠犧牲兩淮湖川來保證江南的醉生夢死，最終還是覆亡。

厚顏無恥的卑躬屈膝換來的和平真的能持久嗎？完顏亮不是要消滅南宋嗎？如果不是虞允文在采石戰勝了金軍，能有再次和平嗎？為了虛幻的和平就要以莫須有的罪名來殺害岳飛，這還有是非公理和法律正義嗎？如果趙構和秦檜的所作所為都合理，南宋為什麼還要為岳飛平反？可見這些所謂的翻案文章都是譁眾取寵，荒謬之極。

有人說韓世忠沒被趙構謀殺，是因為韓世忠沒有刺激趙構。我認為所謂的刺激，其實就是戰功，韓世忠的戰功遠遠不能和岳飛相比。功高震主，因功被殺，沒有道理可言。

元代的宋朝皇族後代趙孟頫，在岳飛墓前所寫的《岳鄂王墓》詩云：「鄂

王墳上草離離，秋日荒涼石獸危。南渡君臣輕社稷，中原父老望旌旗。英雄已死嗟何及，天下中分遂不支。莫向西湖歌此曲，水光山色不勝悲。」他認為岳飛等大將不存在了，南宋也就不可能再恢復中原。

南渡君臣不重視恢復中原，中原父老自然等不到王師北定中原日，他們夾在宋、金兩國之間，而後是宋、金、元三國之間，飽受戰火錘鍊，真正成了苦人兒，不料卻因此造就了最強的戰鬥力，終於在元末大爆發，由江淮的民間武裝建立了明朝。所以明朝的根源不是在元代，而是在南宋。〔註9〕

第三節　宋金黃天蕩之戰考

南宋高宗趙構建炎四年、金天會八年（1130 年）三月，韓世忠和阿骨打的第四子金兀朮（完顏宗弼）在建康府東北部長江中的黃天蕩，發生激烈交戰，這是歷史上的一次著名戰爭。此前一年宋建炎三年、金天會七年（1129年），金兀朮率軍在建康府西南的馬家渡過江，此前從開封南逃到建康府的江淮宣撫使杜充，此時又逃往真州長蘆寺（在今六合長蘆），投降金軍。宋軍潰逃，唯有岳飛的部隊認真抵抗，可惜寡不敵眾，退往鍾山，現在南京城南的牛首山還有岳飛抗金的故壘。兀朮攻下建康，從廣德、湖州，直撲臨安府（今杭州）。

建炎四年正月，兀朮打到明州（今寧波），趙構慌忙從明州入海，乘船逃到溫州，南方各地大亂。二月，兀朮返回臨安府。三月，兀朮從平江府（今蘇州）、常州北回，想從鎮江府渡江，被韓世忠在焦山、金山打敗。韓世忠先在焦山伏擊，招降投奔兀朮的宋將鐵爪鷹李選。又在金山龍王廟伏擊，差點捉住兀朮，韓世忠妻梁氏親自在陣前擊鼓。韓世忠在金山下，用鐵鍊聯結大海船，使兀朮不能渡江北返，兀朮向西進入鎮江府和建康府交界處的長江南汊，也就是黃天蕩。兀朮在黃天蕩被韓世忠圍困多日，最終開鑿河道北渡，繞到韓世忠的上游，還用火攻大敗韓世忠，宋軍全軍覆沒。黃天蕩之戰和此前的鎮江之戰也可以看成是兩場戰爭，有些人誤以為梁氏在黃天蕩擊鼓，又誤信明清人訛傳出來的梁紅玉之名，其實都不正確。

關於黃天蕩之戰的經過，包括黃天蕩之戰的具體位置，前人還有很多爭

〔註9〕周運中：《元末大起義與南宋兩淮民間武裝》，《元史及民族與邊疆研究集刊》第二十輯，上海古籍出版社，2008 年。

議。多數學者認為黃天蕩在今南京市棲霞區東北部的龍潭附近，2014年棲霞區文化旅遊局在長江邊豎立了「黃天蕩遺址」不可移動文物名牌。據新聞報導2018年3月南京市棲霞區建成了黃天蕩江灘濕地公園，而地圖顯示今天的六合區龍袍鎮東南部竟然也有一個黃天蕩古戰場景點，還有人認為黃天蕩在今八卦洲。

其實這三處地方都不是古代的黃天蕩，因為這三處地方現在都緊靠長江，都是很晚才成陸，南宋時期都還是江面，尚未成陸。黃天蕩真正的位置，現在早已在內陸，不靠長江，本文考證黃天蕩在今龍潭的南部和句容的北部，黃天蕩之戰的戰場在長江南岸，而不在長江北岸。

一、黃天蕩在今龍潭

黃天蕩的位置，南宋人的記載已經出現很多錯誤。我們考證黃天蕩的位置，首先要注意諸多說法之中互相吻合的地點，南宋著名史學家胡三省在注釋《資治通鑒》卷二百六十唐朝乾寧三年（896年）「淮南兵與鎮海兵戰於皇天蕩」時說到：「大江過升州界，浸以深廣，自老鸛嘴度白沙，橫闊三十餘里，俗呼為皇天蕩。是時，淮南兵既敗浙兵於皇天蕩，遂圍蘇州，則非前所言皇天蕩矣。宋熙寧三年，崑山人亶上疏言水利，謂長洲縣界有長蕩、黃天蕩，其水上承湖，下通海，正淮、浙兵所戰處也。」雖然長洲縣（今蘇州）的黃天蕩不是升州（今南京）的黃天蕩，但是胡三省告訴我們升州界有黃天蕩。黃天蕩在長江過升州（今南京）界之處，而不是入升州界，則黃天蕩是在升州的東北部靠近鎮江的地方。建炎三年，升州改為建康府。

南宋景定《建康志》卷十九：「新河，在白鷺洲西南，流通大江二十餘里。事蹟：《韓忠武王世忠碑》云，建炎四年，金人入境，車駕幸四明，王聞之，亟以舟師赴難。兀朮聞王在京口，遽勒三十萬騎北逐。王遂提兵，截大江以邀之。相持黃天蕩四十八日，兀朮勢危，自知力憊糧竭，或生他變。而王舟師中流鼓柂，飄忽若神。凡治津渡，又皆八面控扼，生路垂絕。一夕潛鑿小河，自建康城外屬之江，以通漕渠。幸風波少休，竊載而逃。內翰汪公藻建炎間奏議云，敵於鍾山、雨花臺，各劄大寨，抱城開兩河，以護之。蘆門河，在上元縣長寧鄉，去縣六十里，一名蕃人河。事蹟：石邁《古蹟編》云，蘆門河在蘆門漾之側，建炎間始開，以通真州，亦名蕃人河，合黃天蕩南王諫議蘆場內是其處。按此河以蕃名，而不述其所以名意。汪內翰所謂敵開兩河，則此

河與新河，皆敵所開者，否則無因以蕃名也。」

　　新河和蘆門河的這兩條描述，錯誤很多，似乎金人開鑿了兩條河逃生，但是仔細查考，或許是三條河，因為蘆門河在上元縣長寧鄉，根據景定《建康志》，則是在今棲霞區東北部，在長江南岸，不可能通往長江北部的真州，所以通往真州的那條河或許在長江北岸。我們先不管這些複雜的條目和錯誤產生的原因，就上元縣長寧鄉來看，位置和胡三省的記載完全吻合。

　　再看景定《建康志》的《沿江大閫所部圖下》，圖上的文字有：「老鸛嘴屯泊兵船，下四十里至下蜀。」下蜀鎮的位置歷史上非常明確，則老鸛嘴在下蜀鎮的西部四十里，在今棲霞街道的東部。今龍潭的東南有欄江村、徐家蕩村相鄰，再東北部有劉蕩、潘蕩、葉蕩、虞蕩村，我認為這些蕩很可能靠近歷史上的黃天蕩，或許就是黃天蕩的一部分。

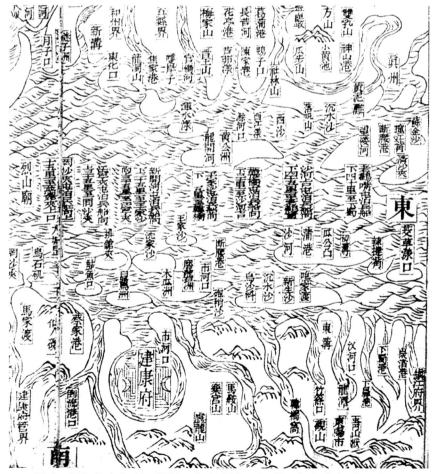

景定《建康志》的《沿江大閫所部圖下》建康府和真州部分

　　以上三種南宋文獻的來源不同，胡三省提到的白沙在《沿江大閫所部圖》上找不到，則他的資料或許另有來源。景定《建康志》的根據包括石邁《古蹟編》，石邁的資料或許另有來源。再結合現代地名，我們可以判定黃天蕩是在今天的龍潭東部。

　　令人稱奇的是，明代建文四年（1402年）朝鮮使者根據元代地圖改繪的《混一疆里歷代國都之圖》，在鍾山和鎮江路之間，用大號的紅底黑字寫出黃天蕩，可見黃天蕩就在今天的龍潭和句容交界處。我所能看到的《混一疆里歷代國都之圖》清晰版本，包括島原市本光寺本和龍谷大學本，都能看到黃天蕩。〔註10〕這幅地圖的底圖來自元代，被明代人改繪，所以圖上既標南京為皇都，又保留元代集慶路、鎮江路、揚州路等地名。這幅地圖上的黃天蕩，用的是元代路一級的標誌，等級很高，這在這幅圖上非常罕見。元代地圖上的黃天蕩位置，自然比較可信。黃天蕩之戰到元代已經過去一兩百年，仍然得到如此重視，或許是因為這幅地圖最初是在南宋地圖的基礎上繪製。南宋人認為這是重大勝利，所以特別標出。雖然現在我們能看到的蘇州文廟的南宋《地理圖》和日本所藏南宋刻本《輿地圖》都沒有標出黃天蕩，但是元代和明代的地圖反而標出，可見黃天蕩之戰一值得到古人的重視。

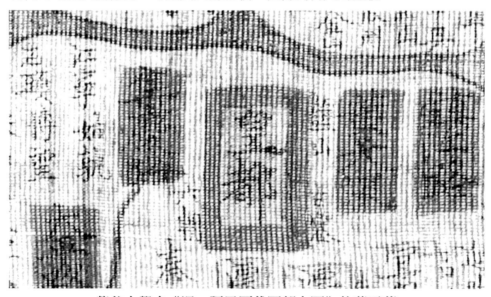

龍谷大學本《混一疆里歷代國都之圖》的黃天蕩

〔註10〕日本龍谷大學藏《混一疆里歷代國都之圖》，網址：http://www.afc.ryukoku.ac.jp/kicho/cont_13/pages/1390/1390.html?l=1,1&c=31&q=。

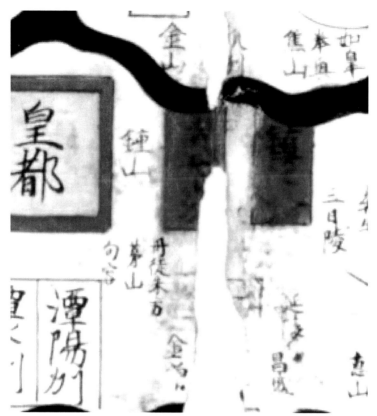

本光寺本《混一疆里歷代國都之圖》的黃天蕩

明末清初的顧祖禹《讀史方輿紀要》卷二十應天府：「黃天蕩，在府東北八十里。韓世忠與兀朮相持處也。胡氏曰：江過升州界，浸以深廣，自老鸛嘴度白沙，橫闊三十餘里，俗呼為黃天蕩。《輿程記》：黃天蕩一帶大江，闊四十里，中間有太子洲，其餘汊港村落，限隔橫錯，水陸之盜，多出於此。而龍潭、斜溝，特為津要。龍潭、斜溝，見句容縣。白沙，見儀真縣。」雖然顧祖禹的時代較晚，他的話不能作為鐵證，但是明代有黃天蕩在龍潭的記載，可以作為一個旁證。明末的龍潭，沙洲之間仍有很多港汊，南宋時期的港汊也很多，這就是兀朮困在其中的原因。

黃天蕩地名的由來待考，或許是一個地名通名，除了胡三省指出的蘇州黃天蕩，今天常州市武進區鄭陸鎮還有一個黃天蕩村，江陰城外宋代就有黃田港，王安石有詩：「黃田港北水如天，萬里風檣看賈船。海外珠犀常入市，人間魚蟹不論錢。」黃田讀音接近黃天，或許也是同源地名。

二、兀朮火攻與北逃路線

金人記載此戰最為詳細的是兀朮（完顏宗弼）本人的傳記，《金史》卷七十七《完顏宗弼傳》：「阿里率兵先趨鎮江，宋韓世忠以舟師扼江口。宗弼舟小，契丹、漢軍沒者二百餘人，遂自鎮江溯流西上。世忠襲之，奪世忠大舟十艘，於是宗弼循南岸，世忠循北岸，且戰且行。世忠艨艟大艦數倍宗弼軍，出宗弼軍前後數里，擊柝之聲，自夜達旦。世忠以輕舟來挑戰，一日數接。將至黃天蕩，宗弼乃因老鸛河故道，開三十里通秦淮，一日一夜而成，宗弼乃得至江寧。撻懶使移剌古，自天長趨江寧援宗弼，烏林答泰欲亦以兵來會，連敗宋兵。宗弼發江寧，將渡江而北。宗弼軍渡自東，移剌古渡自西，與世忠戰於江渡。世忠分舟師絕江流上下，將左右掩擊之。世忠舟皆張五綆，宗弼選善射者，乘輕舟，以火箭射世忠舟上五綆，五綆著火箭，皆自焚，煙焰滿江，世忠不能軍，追北七十里，舟軍殲焉，世忠僅能自免。宗弼渡江北還，遂從宗輔定陝西。」

此處明確記載兀朮（宗弼）開鑿老鸛河故道，老鸛河和胡三省所言的老鸛嘴、景定《建康志》記載的老鸛嘴位置完全符合，所以兀朮被困的地方就在今天的龍潭以東。這片沙洲的南部原來是長江的汊道，日久淤塞，金軍的船困在其中。韓世忠的船是海船，所以扼守汊道的東西出口，使金軍的船不能出來到長江的主流。金軍開鑿了一條新的河道，才到大江，渡江北回。這條河道原來也是沙洲之間的一條長江汊道，其東部應該是老鸛嘴，其西部的長江汊道先淤積，其東部的長江汊道仍然寬闊。老鸛嘴西南部的長江汊道先淤積，顯然是因為其西部是棲霞山，長江的水流受到棲霞山的阻擋，水勢減緩，所以棲霞山東部的長江汊道也即老鸛嘴西南部的長江汊道首先淤積。

老鸛嘴西南淤積的老鸛河故道很可能是在今天的刀槍河，傳聞刀槍河的名字就是源自這場大戰。韓世忠的船隊守衛老鸛嘴北部寬闊的河道，而金軍開鑿西南淤塞的河道，到達棲霞山的東北部。進入大江，用火攻打敗韓世忠的船隊，北渡到六合縣。

因為這段史料出自金人，所以清楚地記載金兀朮用火攻打敗韓世忠。不過這段記載最大的一個錯誤是秦淮二字，金兀朮在黃天蕩被困四十多天，幸而有一個機會北回，不可能再去今天南京城南的秦淮河。很多人不熟悉南京的地理，誤以為金兀朮真的到了秦淮河，其實龍潭和秦淮河非常遙遠，也不可能有水路相通。所以金人筆下的秦淮二字其實是一種文學修辭，因

為北方文人也好用典故，秦淮自從唐朝以來就成了南京市井的代名詞。金朝的海陵王完顏亮想消滅南宋，他曾經寫詩表示要立馬吳山第一峰，吳山也是杭州的代名詞。所謂通秦淮其實是指到達建康府的境內，而不是真的通往秦淮河。

南宋李心傳《建炎以來繫年要錄》卷三十二記載，建炎三年三月丙申：「是日，浙西制置使韓世忠及完顏宗弼再戰於江中，敗績。宗弼既為世忠所扼，欲自建康謀北歸，不得去。或獻謀於金人曰，江水方漲，宜於蘆場地，鑿大渠二十餘里，上接江口，舟出江背，在世忠之上流矣。宗弼從之，傍冶城西南隅鑿渠，一夜渠成。次日早出舟，世忠大驚。金人悉趨建康，世忠尾擊敗之，敵終不得濟。先是，宗弼在鎮江，世忠以海舟扼於江中，乘風使篷，往來如飛。宗弼謂諸將曰，使船如使馬，何以破之。將軍韓常曰，雖然見甲軍，則自遁矣。宗弼令常以舟師與戰，舟多沒。常見宗弼，伏地請死，宗弼貸之。乃揭榜募人，獻所以破海舟之策。有福州人王某，僑居建康。教金人於舟中載土，以平板鋪之，穴船板以棹槳。俟風息，則出江。有風，則勿出。海舟無風不可動也，以火箭射其箬篷，則不攻自破矣。一夜造火箭成，是日引舟出江，其疾如飛，天霽無風，海舟皆不能動。世忠舟師，本備水陸之戰，每舟有兵、有馬、有家屬、有輜重。及是，敵以火箭射其箬篷。火烘日曝，人亂而呼，馬驚而嘶。被焚與墮江者，不可勝數。所焚之舟，蔽江而下。敵鼓棹以輕舟襲追之，金鼓之聲，震動天地。統制官右武大夫成州團練使孫世詢、武功大夫吉州防禦使嚴永吉，皆力戰而死。世忠與餘軍，至瓜步棄舟而陸，奔還鎮江。聚兵沿江避兵之人，往往取其糧食，亦有得軍儲銀帛者，宗弼乃得絕江遁去……趙雄撰《世忠碑》，載此事，但云風弱帆緩，敵得以輕舸渡去。全不載世忠敗績及金人火攻等事，蓋諱之也。孫覿作《世忠墓誌》，云敵乘南風縱火，抗舟師，差近事實。」

向金人獻計的福建人，徐夢梓《三朝北盟會編》卷一百三十八記載：「有福州百姓姓王，人僑居建康，開米鋪為生，見榜有希賞之心。」不過此書記載：「烏珠既勝，欲之建康府，謀北歸。而世忠海船扼於江中，不得去。或獻謀於金人曰，江水方漲，宜於蘆陽地，開掘新河二十餘里，上接江口。舟出江背，皆世忠之上流矣。烏珠信之，乃命掘河，一夜河成。次日早出舟，世忠大驚，金人悉趨建康。世忠尾襲之而已。初，長蘆崇福禪院行者普倫、普贇、普璉，結集行者及強壯百姓千餘人，分為三隊，在楊家洲上自相守保，

世忠嘗約普倫等為策應。至是，普倫、普璉、普薁率其眾千餘人，駕小舟千餘艘，皆裹紅巾，立紅幟，來策應。至長蘆，遇世忠海船狼狽而來，金人至長蘆亦回。世忠與餘兵至瓜步，棄舟而陸，奔還鎮江聚兵。沿江避兵之人，往往取其舟中糧食，或有得銀絹錢物者。」此書的錯誤是誤以為金兵先用火攻勝利，再鑿河逃跑，其實不可能。如果金兵不出大江，不可能用火攻，否則金兵困在黃天蕩，即使勝利也難以逃脫。不過此書多出長蘆寺僧人接應韓世忠的記載，這條更證明韓世忠逃奔瓜步，而且證明金兵直接北上六合而未去建康城。

兀朮繞道韓世忠的上游，正是因為開鑿了龍潭西南的淤塞河道，所以到了上游。韓世忠被金軍用火攻打敗，逃往到瓜步（今六合瓜埠），再到鎮江。證明這場戰爭就在棲霞和六合之間，不可能在今天的南京城西。

韓世忠先打敗兀朮，但是又被金軍火攻而全軍覆沒，李心傳指出趙雄的《韓世忠碑》隱諱不提此事，但是孫覿作《韓世忠墓誌》則提到金軍乘南風縱火。我認為此時已經在三月底，已有南風。韓世忠沒有想到金軍繞到西南部，所以被金軍用南風火攻。

南宋曾極的《金陵百詠》的第二十一首是《黃天蕩》，詩云：「受金縱敵將何知，曹沫功名失此時。雁足不來貔虎散，沙頭蚌鷸謾相持。」這首詩記載黃天蕩失利的原因是接受了金人的賄賂，故意放走了金人，這應該是指那個福建商人，而不是韓世忠。

第十五首是《四太子河》：「上東門嘯本同科，天誘金人智詐多。刁斗夜鳴兵四合，五更平陸已成河。」四太子就是完顏宗弼（金兀朮），這條四太子河就是金兀朮開的河，曾極很可能親自到了這條河。

張憲《黃天蕩》詩云：「昆明劫燒成灰火，臨平葑湖撥不開。黃泥萬頃下無底，海眼一絲通往來。南徐江邊海鰌走，江神頓足黃龍吼。便翻銀漢濯泥沙，要使妖蛇先授首。」黃泥萬頃指沙洲密布，海眼一絲指水道不通暢。南徐州是六朝設在今鎮江、常州等地的僑州，海鰌、黃龍都是古代海船的名字。便翻銀漢指南宋水軍來往長江之中，封鎖金軍。

三、長江北岸番人河的由來

南宋趙雄所寫的《韓世忠碑》記載：「虜乃益兵儀真，勢接建康。兀朮軍於南，撻辣軍於北。王提海艦，中流南北接戰，相持黃天蕩四十有八日。兀朮

窘甚……敵自知力憊糧竭，久或生變。而王舟師，中流鼓枻，飄忽若神，凡古渡津口，又皆以八面控扼，生路垂絕。乃一夕潛鑿小河三十里，自建康城外屬之江，以通漕渠。刑白馬，剔婦人心，兀朮自割其額祭天。幸風濤少休，竊載而逃。王諜知其謀，悉舟師督戰，會風弱帆緩。敵得以輕舸渡去。土人稱為番人河，其後秦檜主和，更名新開河云。」

韓世忠在長江之中，北面有撻辣派來的援軍，也即《金史·宗弼傳》記載派遣從天長縣南下的軍隊，南面有兀朮的軍隊，要兩面作戰。正是因為北岸的六合、真州也有金軍，所以景定《建康志》才有番人河通往真州的記載。引用石邁的《古蹟編》稱，蘆門河在蘆門漾之側，建炎間始開，以通真州。我認為蘆門漾，應該是景定《建康志》的《沿江大閫所部圖下》的蘆茆漾，讀音接近，從圖上的位置看在今江北的長蘆，圖上的蘆洳漾再北部有長蘆河。這裡也是戰場，所以南宋末年的人混淆了南北兩個戰場，使人產生黃天蕩在江北的誤解。

熊克《中興小紀》卷八：「金之在儀真者，又於城外三十里，鑿大渠，屬之江，以通潮。」可見金人在真州確實開鑿河道，這就是長江北岸的番人河由來，這條河和金兀朮在黃天蕩開鑿的河道完全無關。

韓世忠原以為用大船守住棲霞山東北部的沙洲口，兀朮的船隊就不能出來，所以他此時主力對付北岸的軍隊，沒想到兀朮的軍隊開河，繞到西南，用南風火攻，韓世忠靠近北岸，所以被打敗。

現在六合南部靠長江的宋代長蘆寺遺址旁邊有一個小村叫橫海營，這個地名很可能也是源自韓世忠，韓世忠在紹興五年（1135 年）又加橫海節度使，所以橫海營或許是投靠在韓世忠名下的一個軍營。

四、建康城西的新河不是兀朮戰場

南宋晚期所修的景定《建康志》記載了城西白鷺洲的新河，下文抄錄兀朮開河之事，使人誤以為兀朮開的河在城西，其實這是絕大的誤解，兀朮北渡六合，不可能走到建康城西。古代的白鷺洲是今天南京城西的沙洲，也即李白詩中一水中分白鷺洲的白鷺洲，不是今天南京城東南的白鷺洲公園。

建康城內的金兵在兀朮北渡的第二個月才北渡，李心傳《建炎以來繫年要錄》卷三十三記載黃天蕩之戰的次月，四月壬子：「是日，金人焚建康府，掠人民，擄財物，執李梲、陳邦光，自靜安，渡宣化而去。時完顏宗弼屯六合

縣，敵之輜重，自瓜步口舳艫相銜，至六合不絕。建康城中，悉為煨燼。棁道死，宗弼以邦光歸於劉豫。淮南宣撫司右軍統制岳飛，聞敵去，以所部邀擊於靜安，勝之。飛還屯溧陽，後軍統制劉經欲殺飛，而並其軍。飛誘經，殺之。初，金人既渡江，淮東猶無警，安撫使、直寶文閣張縝尚守揚州。節制濠州軍馬劉位，領眾在橫山軍中，惟飲博而已。逮金人據六合，於是真州為群賊所擾，不可居。守臣王冠，率軍民渡江，駐於溧水、溧陽之間。敵又入真州，而揚州亦不可守，張縝乃棄揚州。敵在建康凡半年，自采石至和州，道路往來不絕。」

新河是一個極為常見的地名通名，建康城西的白鷺洲新河或許不是金兵所開。即便是金兵所開，也是半年前就攻下建康的金兵所開，不是兀朮的部隊所開。但是史書明確記載金兵在靜安（在今下關）北渡宣化（在今浦口），金兵不是從城西撤退，所以建康城西的新河很可能也不是金兵撤退時所開。

景定《建康志》又看到李心傳《建炎以來繫年要錄》卷三十二記載有所謂金兵在建康城外開兩河的記載，李心傳原文是：「時世忠雖已奏捷，而自常、潤來者，皆云敵於蔣山、雨花臺各劄大寨，抱城開河兩道以護之，及穴山作洞，為逃暑之地。而采石金人已渡復回者，累累不絕。」我認為所謂抱城開河兩道顯然不是指建康城，建康城外的河道很多，本來就有護城河，建康城牆也很長，金兵駐在城外的鍾山和雨花臺，不可能在建康城外開河兩道。所謂開河兩道，是指金兵在他們的寨城之外開河兩道，防止宋軍進攻。金人來自東部，嫌南方太熱，所以住在山上。既然不存在建康城牆之外的新河，則所謂金兵在白鷺洲新開的河道也是南宋晚期人的誤解。

金兵從建康北撤時也沒有必要開鑿河道逃生，因為最英勇的岳飛也是在金兵撤退時尾隨到靜安襲擊，不可能包圍建康的金兵。南宋其他部隊，躲在溧水、溧陽等地，更不可能包圍建康的金兵。此時韓世忠早已逃往鎮江，也不可能包圍建康的金兵。

古人最大的錯誤就是李心傳在《建炎以來繫年要錄》所寫的那一句傍冶城西南隅鑿渠，李心傳本來是南宋中期人，不是南宋初年人，他看到文獻編寫這段歷史。他誤以為兀朮的軍隊在南京城西開河，查找南京城西的沙洲在冶城西南，寫下冶城西南的話。

著名宋史學者周寶珠考證黃天蕩之戰，就混淆了建康城西的新河和東北的黃天蕩，混淆了金兀朮和建康城的兩股金兵，誤以為金兀朮先從建康城的

東北到了建康城西，火攻之地在今建康城西。〔註11〕

五、結論

至此我們已經考證清楚黃天蕩的位置和黃天蕩之戰的過程，雖然韓世忠開始勝利，但是最終被金兀朮用火攻打敗。韓世忠也是北方人，不具備在南方水戰的經驗。韓世忠的船隊來自長江口的蘇州和秀州（含今上海），開始具有很大優勢。但是金兀朮得到了福建商人的計謀，所以反敗為勝。福建商人利慾薰心，看到金人的懸賞，就積極獻策，導致宋軍失敗，金兀朮得以北逃。韓世忠失敗的原因不在他，而在福建商人降金。金軍的戰鬥力遠在宋軍之上，能在短期內學會水戰，實屬不易。金軍之中有很多招降和俘虜的宋人，所以能很快掌握水戰技術。杜充從開封一路南逃，卻得到趙構的信任，最終投降金軍，可見南宋失敗的主要原因是君臣的逃跑和投降思想。

南宋胡舜申的《避難錄》記載韓世忠在鎮江的閘口以沉船阻擋金兵出運河北回，金兵在其旁開河，繞道入江。楊倩描據此認為韓世忠的所謂鎮江大捷也是子虛烏有，〔註12〕我認為韓世忠的鎮江大捷或有誇大之處，但也不能認為全是偽造，熊克的《中興小紀》卷八記載韓世忠：「俘獲殺傷甚眾，金所遺輜重積，又得龍虎大王舟十餘艘。」可見韓世忠還是大有戰果，金山在運河入江處的西北，兀朮向西北走，必經金山江面，所以韓世忠肯定會趁機攔截。金人驚慌失措，韓世忠一定會獲勝。

雖然韓世忠在黃天蕩之戰最終大敗而逃，但是黃天蕩之戰也使得金軍的主力兀朮不敢再渡江，所以南宋的君臣認為這場戰爭也達到了效果。黃天蕩之戰的第二個月，趙構下詔戶部賜韓世忠白金三萬兩，為犒軍之用，可見趙構非常肯定韓世忠的戰功。其實宋軍雖然圍困金軍幾十天，但是未能殲滅金軍的主力。金兀朮回到北方，又征討陝西，使南宋損失了在西北的大片土地，對南宋非常不利，所以黃天蕩之戰對南宋的實質意義不大。所謂圍困四十八日，其實是從韓世忠在鎮江打仗開始計算，李心傳《建炎以來繫年要錄》卷三十二已經指出四十八日可能是三十八日之誤，周寶珠又計算僅有二十八日。所以四十八日是誇大韓世忠的戰功，也是南宋人的一種宣傳。韓世忠雖然前

〔註11〕 周寶珠：《關於宋金黃天蕩之戰的幾個史實問題》，《史學月刊》1981 年第 5 期。

〔註12〕 楊倩描：《宋金鎮江「金山大戰」考實——宋金黃天蕩之戰研究之一》，《宋史研究論叢》第 5 輯，2003 年。

期在鎮江獲勝，但是我們不能說他在黃天蕩獲勝，黃天蕩之戰以宋軍的失敗告終。趙構肯定韓世忠的戰功，不過是因為南宋初年接連失敗，韓世忠的戰功相對較好而已。趙構要的就是這種兩軍持平的戰功，而不是岳飛那種掃平北方的戰功，因為趙構從來不想收復失地。當然韓世忠和岳飛都是主戰派，他們和秦檜、張俊不是一路人，我們今天不能詆毀岳飛和韓世忠，更不可能美化趙構、秦檜、張俊之流奸佞。

黃天蕩肯定不在今天的六合東南部，而六合的東南部有瓜埠山，附近有長蘆寺等名勝古蹟，不必再和棲霞爭搶黃天蕩，所以六合東南的所謂黃天蕩古戰場景點應該取消。這個所謂古戰場是滁河口很晚才漲出的沙洲，南宋時期還不存在，本來就沒有古戰場。至於現在龍潭江邊的濕地公園也不能叫黃天蕩江灘濕地公園，否則會造成古今地名的錯亂。

第四節　南宋建康府的經濟地位

南宋的建康府是長江中下游的經濟中心，南宋在臨安、建康、鎮江三府設立榷貨務、都茶場，宋孝宗乾道六年（1170年），規定三地的份額，建康達1200萬貫，都城臨安僅有800萬貫，鎮江僅有400萬貫，建康竟有這三府總數的一半。因為建康面對長江中上游和南宋國境北方的江淮大地，貿易的地域比臨安府和鎮江府大很多。

宋理宗嘉熙四年（1240年）設立全國性的制置茶鹽司，駐在建康府，長官是岳飛的孫子、戶部尚書岳珂。次年岳珂回到朝廷，制置茶鹽司降格為提領江淮茶鹽所，長官由建康知府、江東轉運使兼任。但是合併了鎮江的榷貨務，還在溧陽、蕪湖、采石、池州、江州（今九江）、鎮江、丹陽、常州、無錫、江陰、宜興等地設立分支機構。

北宋仁宗慶曆七年（1047年）的建康人口有二萬多戶，南宋高宗建炎年間有三萬戶，南宋中期超過十五萬人，另外還有軍隊和軍屬超過十五萬人，則有三十多萬人。南宋的建康府是僅次於都城臨安府的第二大城市，也是當時世界上的大城市之一。〔註13〕

〔註13〕陳振：《宋代江寧（建康）的社會經濟》，《南京經濟史》第八章，中國農業科技出版社，1996年。收入陳振：《宋代社會政治論稿》，上海人民出版社，2007年，第202～222頁。

　　李心傳《建炎以來繫年要錄》記載紹興五年（1135年），提點淮南兩路公事都督府提領市易務，管理沿淮和金朝的貿易。下設泗州（治今盱眙）、楚州（治今淮安）、濠州（治今鳳陽）、盧、壽春（治今壽縣）市易務，而總管機構是建康府的都市易場監官。此時淮南路沒有轉運司，淮南西路的錢糧由在建康府的江東轉運司調撥，淮南東路錢糧由浙西轉運司調撥。

　　南宋景定《建康志》卷十六《橋樑》記載鎮淮橋：「乾道五年，留守史公正志重造，得舊址，增廣一丈，郡從事丘崇為之記：乾道五年十一月，建康府重作鎮淮、飲虹二橋。六年正月橋成，惟二橋橫跨秦淮，據府要衝，自江淮、吳、蜀游民，行商分屯之旅，假道之賓客，雜防旁午，肩摩轂擊，窮日夜不止。」鎮淮橋在南京城內的御街中軸線上，六朝時期最初是秦淮河上的浮橋，稱為朱雀大航，南面正對南門，所以進出的人非常多，所謂四方之人，日夜不止，所以南宋重建了鎮淮橋。

　　現藏日本京都府東福寺栗棘庵的南宋末年《輿地圖》，標出了建康府去溧水縣、廣德軍、溧陽縣、鎮江府、金壇縣的道路，還標出了長江北岸的江防重地烏江、宣化、長蘆，標出了建康府最南部的丹陽湖，標出了建康府和鎮江府之間的茅山。

南宋末年《輿地圖》江南部分

第五節　南宋建康人的海外歷險記

南京歷史上靠近長江入海口，古代有很多海外的商船到南京，也有南京人到海外經商。《晉書》卷二十九《五行志》記載海潮多次湧入南京城西的石頭城，其中孝武帝太元十七年（392）：「六月甲寅，濤水入石頭，毀大航，漂船舫，有死者。」元興三年（404年）：「二月庚寅夜，濤水入石頭。商旅方舟萬計，漂敗流斷，骸骼相望。江左雖頻有濤變，未有若斯之甚。」可見南京城西的商船很多，有時也有來自海外的商船，《南齊書》卷三十一《荀伯玉傳》說齊世祖為太子時任用張景真：「又度絲錦與崑崙舶營貨，輒使傳令防送過南州津。」崑崙舶是來自南洋的海船，南洋人被稱為崑崙。很多人與南洋商船貿易絲錦，證明南京很早就是海上絲綢之路上的重要城市。

南京博物院的展品中有南京黃家營出土的六朝紅陶胡人俑，還有南京趙士崗出土的東吳孫皓鳳凰二年（273年）的紅陶佛像。黃家營、趙士崗都在大報恩寺的東南，大報恩寺的前身是孫權赤烏十年（247年）西域僧人康僧會建立的建初寺，這是江南最早的佛寺，城南的石子崗又是墓葬集中地，所以附近才有六朝佛像出土。唐代許嵩《建康實錄》卷十七記載蕭梁大同三年（537年）創建的一乘寺：「寺門遍畫凹凸花，代稱張僧繇手跡，其花乃天竺遺法，朱及青綠所成，遠望眼暈如凹凸，就視極平，世咸異之，乃名凹凸寺。」這是西方的投影畫法，六朝建康流行的浮雕磚拼壁畫和帝王陵墓前的石獸和石柱，都是源自西域的藝術。現在南京的標誌石辟邪，就是源自西域的雕塑。

一、南宋建康人海外歷險故事

南宋王象之《輿地紀勝》卷第十七建康府引《胡安定文集》說：「有三吳為東門，有荊、蜀為西戶，有七閩、二廣風帆海舶之饒，為南府。」南宋時期的南京，還有福建、廣東的海船來貿易。

根據宋代史料編成的《宋會要輯稿·食貨》五零之一一，記載宋高宗建炎三年（1129年）：

> 三月四日，臣僚言自來閩、廣客船並海南蕃船，轉海至鎮江府買賣至多。昨緣西兵作過，並張遇徒黨劫掠，商賈畏懼不來。今沿江防拓嚴謹，並無他虞。遠方不知，欲下兩浙、福建、廣南提舉市船司招誘興販，至江寧岸下者抽解收稅，量減分數。非惟商賈盛集，

百貨阜通，而巨艦銜尾，亦足為防守之勢，從之。〔註14〕

北宋時期，從福建、廣東和南洋海外來的商船，很多到鎮江府貿易。南宋初年，受到戰亂影響，多有劫掠，外商不敢前來。官府要去東南沿海招商，到江寧府（今南京）來貿易，減輕稅負。不僅可以增加財政，也可以用大船防守江面，防止金人南渡。因為南宋初年兩淮的邊防緊張，兩淮又被金人和亂兵破壞，田地荒廢，糧食不夠。兩淮軍隊的財糧都靠江南運送，所以江南的財政非常重要，所以江寧需要外商。

也是在南宋初年，洪邁的小說集《夷堅志補》卷二十一記載了兩個南京人的海外奇遇：

　　建康巨商楊二郎，本以牙儈起家，數販南海，往來十有餘年，累貲千萬。淳熙中，遇盜於鯨波中，一行盡遭害。楊偶先墜水，得免。逢一木，抱之沉浮，自分必死，經兩日，漂至一島，捨而登岸，信腳行。俄入一洞，其中男女雜沓，爭來緊觀，大抵多裸形，而聲音可辨認。一婦人若最尊者，稱為鬼國母，侍衛頗眾，駭曰：「此間似有生人氣。」遣小鴉鬟出探，則見楊，遽走報。母令引當前，問之曰：「汝願住此否？」楊自念無計可脫，姑委命逃生，應曰：「願住。」母即分付鬟，為治一室，而使為夫婦。約僅二年久，飲食起居與世間不異。嘗有駛卒持書至，曰：「真仙邀迎國母，請赴瓊室。」即命駕而出。自此旬日或一月必往，其眾悉從。楊獨處洞中，他日言於母：「乞侍行。」母曰：「汝是凡人，欲去不得。」如是者累累致懇，忽許之。飄然履虛，如躡煙雲，至一館宇，憂樂盤肴，極為豐潔。至者占位而坐，鬼母導楊伏於桌幃，戒以屏息勿動。移時宴罷，難焚燒楮鏹，漸次聞人哭聲，審聽之，蓋其妻子與姻戚也。楊從桌下出，喚家人名，皆以為鬼物，交口唾罵。唯妻泣曰：「汝沒於大海，杳無消息，當時發喪行服，招魂占葬。今夕除靈，故設水陸做道場追薦，何得在此？莫是別有強附託邪！」楊曰：「我真是人，元不曾死。」具道所值遇曲折，方信為然。公母在外招喚，繼以怒罵，然不能相近。少頃寂然，楊氏呼醫，用藥調補幾歲，顏狀始復故，乃知佛力廣大，委曲為之地，楊至紹熙中猶存。

〔註14〕〔清〕徐松輯：《宋會要輯稿》食貨三二之三〇，北京：中華書局，1957年，第5662頁。

　　猩猩之名見於《爾雅》、《禮記》、《荀子》、《呂氏春秋》、《淮南子》，又唐小說載焦封孫夫人事。建炎中，李捧太尉獲牝，自海島攜歸為妾，生子，不復有遇之者。金陵商客富小二，以紹興間泛海，至大洋，覺暴風且起，喚舟人下矴整帆檣以為備，未訖而舟溺。富生方立帳頂，與之俱墜，急持之，漂蕩抵絕岸。行數十步，滿目皆山巒，全無居室，饑困之甚，值一林，桃李累累垂實，亟採食之。俄有披髮而人形者，接踵而至，遍身生毛，略以木葉自蔽。逢人皆喜，挾以歸，言語極喎啾，亦可曉解。每日不火食，唯啖生果。環島百千穴，悉一種類，雖在巖谷，亦秩秩有倫，各為匹偶，不相採雜。眾共擇一少艾女子以配富，旋誕一男。富夙聞諸舶上老人，知為猩猩國，生兒全肖父，但微有長毫如毛。時慮富竄伏，才出輒運巨石窒其竇，或倩他人守視。既誕此男，乃聽其自如。時時偕往深山，摘採果實。自料此生無由返故鄉，而妻以韶秀，頗安之，凡三肆。因攜男獨縱步，望林杪高桅，趨而下，為主人道其故，請得附行，許之，即抱男以登。無來追者，遂得歸。男既長大，父啟茶肆於市，使之主持，賦性極馴，旁人目之為猩猩八郎，至今經紀稱遂。小二至慶元時尚存，安國長老了祥識之。

　　建康巨商楊二郎，本來是牙儈，很可能開始是在南京老家為南海來的商人做中介，再跟隨商船去南海貿易。他往來南海十有餘年，積累了千萬財富。宋孝宗淳熙年間（1174～1189年），在南海遇到海盜，全船人都遇害。楊二郎抱著木頭，漂到一個島上。島民赤身裸體，島上有女王，稱為鬼國母，為楊二郎娶妻。鬼國母帶楊二郎去見仙人，叫他趴在桌下。楊二郎聽到哭聲，從桌子下面鑽出，竟然看到家人為他燒紙錢，家人以為他死了。楊二郎到家，認為佛力廣大，活到宋光宗淳熙年間（1190～1194年）。這個故事被附加上了佛教色彩，歷史真相應該是楊二郎得救，乘船從海外回來。

　　楊二郎在南海貿易的年代，正是在建炎三年（1129年）江寧府招攬南海商船之後的五十多年，可見有一大批南京人因此去南海貿易。

　　金陵商客富小二，在宋高宗紹興年間（1131～1162年）出海，遇到風暴，吹到猩猩國，他在海外遇險的時間比楊二郎稍早。富小二和島民生的孩子，到宋寧宗慶元年間（1195～1200年）還在，所謂猩猩應該是對島民的俗稱，不是真的猩猩。

二、宋元時期的衍生和類似故事

　　元初人所編的《湖海新聞夷堅續志》有一個廣州商人的故事，情節非常類似楊二郎故事，此書後集卷一：

　　　　廣州有商人與同伴泛海，往諸國經紀，偶中流得病，力別同伴，登岸歇泊，至一洲間，結茅居止。卻與同伴約云：「汝若回舟，見我竹竿標記我衣裳，即來相接。若無竹竿，即是我死矣，不必泊船，恐阻順風也。」越半年，舟經前地，則竹竿衣裳全無，亦難望洋而尋。船回廣州，訪其家人，歷道其所以，全家痛哭，即命道士建九幽齋醮，祭煉天下孤魂。至夜三更，召請之時，忽聞屋上，有人呼曰：「我在此。」遂用梯扶下，乃所度之人，是生人也。即救以湯粥，方省人事，云：「昨浮海得病，止於洲渚上，忽有二婦人挾至山中石崖內，每日亦有飯食與我，但不知得此身是生是死，已近年餘。一日，聞二婦相語曰：『有符使持公文到水府，稱廣州某人因作商死於海島，今祭煉天下鬼神，宜留此人在家。我與汝自去赴此會。』其人密聞之，力叩二婦曰：『望帶我去一觀。』一婦曰：『不可。』一婦曰：『不妨。』遂挾至其建功德所，約曰：『藏在你屋上，不得作聲，待我二人去壇前享食。』適聞道士出門，召請我名姓，又是我家作醮主，且曉我家人哭泣之聲，是以叫喚，二婦方知，罵曰：『我不欲帶他來，今事泄矣。』飛走而去。」其人歸，雖得再生，但飲食甚少，越兩月死。蓋為鬼氣所侵，不可救藥，但得終於正寢而已。以此見祭煉之有功如此。〔註15〕

　　這個故事的情節簡直和楊二郎故事一模一樣，海商漂到島上，遇到仙人，忽然出現在家中，家人正在祭奠他。不同的是，這個故事更為順暢，而且將佛教改為道教，末尾還強調道士的法術。我認為這個故事出現得比《夷堅志》晚，很可能是改編《夷堅志》的故事。因為這本《湖海新聞夷堅續志》多閩北、浙西和江西的故事，道教的中心龍虎山正在附近，也靠近洪邁的老家鄱陽，所以很可能是這附近的道士或信道的人模仿洪邁的《夷堅志》編成。

　　猩猩八郎的故事，《湖海新聞夷堅續志》卷二也有一個非常類似的故事：

〔註15〕〔元〕佚名輯、金心點校：《湖海新聞夷堅續志》，北京：中華書局，2006年，第159～160頁。

「昔有富商漂海，舟折一板，至岸得熊母挽之而上。登石竇，甚深窈，其中以草芥毛羽為巢，頗濕煖。果木具備，商安焉，與熊合而生子。後有賈舟經其下，商抱其子而登舟，有珠數顆極珍。熊見商去，急緣崖而下，攀附不可，投水死。商攜子歸，本姓之子孫不容，遂養於別所。長以財俾店於公安，姓之曰熊。今公安有熊氏綵衣鋪，其人形貌似猴，即是也。」〔註16〕不過這個故事的海商家鄉不是金陵，而是公安，或許是另一個類似的故事，或許是元初人根據洪邁《夷堅志》的故事改編而成。

三、南宋建康人漂流到的地方

清代荊園居士所著《挑燈夜錄》的《海熊》說：

> 邑營卒錢堂，於乾隆間戍臺，至廈門，結隊乘舟浮海。適遭颶風，一晝夜，風始定。視之舟已近岸，而淺擱莫行。同舟五十餘人，離舟上岸，則一荒島。草木陰濃，林花滿放。方欲回舟，忽茂林中出一巨人，高數丈，面黑如漆，遍體生紅毛，長數寸。見人輒笑，兩手拔木兩本，向前如鴨奴持竹枝攔鴨狀。錢等五十餘人，見之驚極，任其所攔而去，無一敢逃者。無何，至一石洞，錢等五十餘人皆被趕入洞中……逾三日，風色和順，舟始得通，及抵戍地，詢之土人得知，巨人蓋海熊也。

錢堂等人被颶風吹到的地方，無疑是婆羅洲，海熊是紅毛大猩猩，嘴唇很長，所以看起來像笑。因為外形象熊，被誤以為是熊。因為加里曼丹島有大猩猩，所以被稱為猩猩國。

金陵海商楊二郎、富小二漂到海島，很可能在今加里曼丹島或菲律賓的南部附近。因為南宋時代的越南、柬埔寨、泰國、馬來半島等地的文化已經非常發達，不太可能有住在山洞中的裸體民族。而加里曼丹島和菲律賓南部等地還很原始，南宋周去非《嶺外代答》卷三《東南海上諸雜國》：

> 東南海上有沙華公國，其人多出大海劫奪，得人縛而賣之闍婆。又東南有近佛國，多野島，蠻賊居之，號麻囉奴。商舶飄至其國，擒人以巨竹，夾而燒食之。賊首鑢齒，陷以黃金。以人頭為食器。其島愈深，其賊愈甚。又東南有女人國，水常東流，數年水一泛漲，或流出蓮肉長尺餘，桃核長二尺，人得之則以獻於

〔註16〕〔元〕佚名輯、金心點校：《湖海新聞夷堅續志》，第273頁。

女王。昔嘗有舶舟飄落其國，群女攜以歸，數日無不死。有一智者，夜盜船亡命得去，遂傳其事。其國女人，遇南風盛發，裸而感風，咸生女也。〔註17〕

這些東南海外的島民，非常原始，也有女王，很像是楊二郎和富小二故事中的島民。

馮承鈞以為沙華公是《爪哇史頌》的 Sawaku，在加里曼丹島東南的 Sebuku 島。楊博文以為沙巴州有沙華河，或在此地。今按沙華公可能是加里曼丹島東部的 Sembakung 河流域，此河在文萊東南。

馮承鈞以為麻囉奴是《爪哇史頌》的 Malano，在加里曼丹島北部的馬來西亞沙撈越州 Balingian，又說加里曼丹島的達雅克（Dayak）人有支系 Malanau。有學者認為麻囉奴是菲律賓摩洛（Moro）人中的 Maranau 部落，在今菲律賓南部的蘇祿群島（Sulu）或棉蘭老島（Mindanao）。〔註18〕美國學者夏德、柔克義誤以為近佛國是室利佛逝，楊博文以為是靠近淳泥之義，又可作佛泥，麻囉奴是梵語的大王 maharaja。〔註19〕其實此說不對，近佛顯是專名，是外語的漢譯，而不可能是漢語和外語的合成。麻囉奴和 maharaja 的讀音不合，如果此地有梵語的王號，就不會如此原始。日本學者宮崎市定以為近佛國在加里曼丹島東北海中的 Cimbubon 群島，〔註20〕此說也不確，因為近的古音不是 cin 或 jin，而是 kin。近佛國多野島，則是更東的群島，不在加里曼丹島。至於族名、地名相同則很正常，因為南島民族容易遷徙到很遠的海域，所以南洋同名或同源族名、地名很多。此前的研究認為，近佛可能是棉蘭老島南部沿海的 Kiamba，讀音接近。麻囉奴可能是棉蘭老島的 Maranau 部落。〔註21〕

此前對女人國的研究，也已經注意到其地的海水常年東流，這是常年向

〔註17〕〔宋〕周去非著、楊武泉校注：《嶺外代答校注》，北京：中華書局，1999年，第111頁。

〔註18〕陳佳榮、謝方、陸峻嶺編：《古代南海地名匯釋》，北京：中華書局，1986年，第744頁。

〔註19〕〔宋〕趙汝括著、楊博文校釋：《諸蕃志校釋》，北京：中華書局，2000年，第129～130頁。

〔註20〕〔日〕宮崎市定：《南洋を東西洋に分つ根拠に就いて》，《東洋史研究》第七卷第四號，1942年。收入《宮崎市定全集》第19冊《東西交涉》，岩波書店，1992年，第276頁。

〔註21〕周運中：《中國南洋古代交通史》，廈門大學出版社，2015年，第306頁。

東的赤道逆流，因為常年向西的南赤道暖流，流到馬魯古群島的東北部就轉彎向東，成為赤道逆流，所以女人國必在馬魯古群島東北部到新幾內亞島。所謂女人國是指母系社會，女人當政。赤道逆流在北緯 5° 左右，這就確定了女人國的位置，有學者認為女人國在印尼東南角或澳洲的說法不合理。因為澳洲北部的洋流是向西流，澳洲東部的東澳大利亞暖流是向南流，到了東南部才有一些改而東流到新西蘭等地。至於東流的洋流，要到澳大利亞南部才有西風漂流帶，女人國當然不可能到達澳洲南部。〔註 22〕

　　東南亞實在找不到長達兩尺的核桃，我想了很久，才悟出這種核桃不是真的核桃，而是椰子，因為阿拉伯人稱椰子為印度核桃，在很多古代阿拉伯人的地理書中都有這種說法，伊本·巴伊塔爾的《藥草志》的椰子條，開頭就說是印度核桃。〔註 23〕所以周去非記載的東南海上雜國，有些故事出自阿拉伯人的講述，翻譯簡略，才有這種誤解。現在印度尼西亞、文萊和菲律賓南部主要宗教是伊斯蘭教，因為阿拉伯人很早就到了這些地方。當然，古代到這些地方的不止阿拉伯人，如果阿拉伯人經常去，貿易就很繁榮，中國人也一定會去貿易。

　　北宋時期，菲律賓等地的國家首次出現在文獻之中。《宋史》卷四八九《勃泥傳》說太平興國二年（977 年），勃泥（今文萊）使節到廣州，〔註 24〕五年之後，摩逸國到廣州朝貢。在今越南中南部的占城國：「東去麻逸國二日程，蒲端國七日程。」《太平寰宇記》卷一百八十三渤泥國：「復詢其使者，云在上都之西南，居海中，去蛇婆四五十日，去三佛齊四十日，去摩逸三十日，去占城與摩逸同。帆之日皆以順風為計，不則無限日。」〔註 25〕摩逸國（在今菲律賓民都洛島）的人先到渤泥，再到占城，再到中國。

　　今棉蘭老島的武端國（Butuan）人在北宋時代首次來華，《宋會要輯稿·蕃夷四》記載：「蒲端在海上與占城相接，未嘗與中國通，真宗咸平六年九月，其王其陵遣使李偰罕、副使加彌難來貢方物及紅鸚鵡。景德元年正月詔，上元節夜中使命押伴蒲端使觀燈宴飲，仍賜緡錢。五月，遣使李偰罕等

〔註 22〕周運中：《中國南洋古代交通史》，第 307 頁。

〔註 23〕〔法〕費瑯輯注、耿升、穆根來譯：《阿拉伯波斯突厥人東方文獻輯注》，北京：中華書局，1989 年，第 319 頁。

〔註 24〕〔元〕脫脫：《宋史》，北京：中華書局，1985 年，第 14095 頁。

〔註 25〕〔宋〕樂史撰、王文楚等點校：《太平寰宇記》，北京：中華書局，2007 年，第 3436 頁。

來貢方物……四年六月，王其陵遣使已絮漢等貢玳瑁、龍腦、帶枝丁香、丁香母及方物，賜冠帶、衣服、器幣、緡錢有差。」咸平六年（1003 年）次年就是景德元年，所以這是一次出使，第二次是景德四年（1007 年）。蒲端在棉蘭老島，其南就是香料群島，所以進貢丁香，這是菲律賓南部航路開闢的原因。

因為北宋時期新開闢了東洋商路，南海的商人紛紛去東洋的加里曼丹島東部和菲律賓等地貿易，所以南京的商人也跟隨而去，或被海風吹去，留下了海外歷險的故事。

宋代的江陰是重要的海洋貿易港口，設有市舶務，有很多來自華南的商船和海外商品。〔註 26〕宋理宗淳祐六年（1246 年）到寶祐四年（1256 年）之間，江陰的商船轉到上海，江陰才衰落。〔註 27〕宋代長江口還有一些海港在今南通和蘇州，〔註 28〕我將在另文中詳細研究南宋時期在今上海市寶山區境內興起的很多海港。這些在南京下游的海港是南京人得以參與海外貿易的重要基礎，但是我們似乎未在南宋史書中看到江陰、蘇州、上海等地人在海外歷險的故事，或許是因為洪邁個人經歷的偶然因素，恰好記錄了兩個南京人在海外的故事。或許確實反映了南宋有很多南京人在海外經商，我們看到洪邁的《夷堅志》中記錄了明州（今寧波）、福州、泉州、廣州、處州（今麗水）、溫州、密州板橋鎮（今山東膠州）、雷州等地的航海故事，另有台州、漳州、惠州、潮州、廣西沿海的很多故事，涉及的海港很多，反映他收集資料的地域很廣，因此他記錄下兩個南京人的海外歷險記或許不是出自偶然的因素。

第六節　比較《金陵圖》與《南都繁會圖》

以上是比較宋代同時代南北城市的圖畫，我們還可以比較不同時代的南京城市圖畫，明代恰好就有一幅《南都繁會圖》。這幅明代的圖畫，畫的

〔註 26〕周振鶴：《宋代江陰軍市舶務小史》，《海交史研究》1988 年第 1 期。收入《周振鶴自選集》，廣西師範大學出版社，1999 年，第 201～205 頁。
〔註 27〕周運中：《宋元之際上海的興起》，《學術月刊》2012 年第 3 期。
〔註 28〕周運中：《港口體系變遷與唐宋揚州盛衰》，《中國社會經濟史研究》2010 年第 1 期。

也是南京，現藏在中國國家博物館，縱 44 釐米，橫 350 釐米，絹本設色。卷首題名是：明人畫南都繁會景物圖卷。卷末署名：實父仇英制。但是現代書畫鑒定家認為這幅圖不是仇英的繪畫風格，因此是明代人偽託大畫家仇英之名。

前人對這幅圖畫的研究很少，有學者從社會經濟史的角度研究了這幅圖畫，但是沒有考證這幅圖上的河道、橋樑、街市的位置。〔註 29〕或者雖然考證了這幅圖最中心部分的位置，但是沒有考證全圖的地域。

國家博物館的網站介紹這幅圖的畫面，是從郊區的農村田舍開始，經過城中的南市街和北市街，止於南都皇宮。我認為這是前人的誤解，這幅圖根本沒有畫出郊區的農村田舍，右側開頭的所謂農村風光其實還是在城牆以內，因為圖畫的右側根本沒有畫出城牆。而左側畫出了兩重城牆，證明這幅圖上的城牆非常寫實。所謂的農村田舍風光不僅很少，而且其南面又有店鋪，顯然是在秦淮河下游的城牆以內，其南部是鳳臺崗的高地，這些地方人口確實較少，山丘和樹林比較多，所以被誤認為是農村。

再看《南都繁會圖》的方向，最左側是皇城，雲霧繚繞之中露出一些高聳的建築頂部。雖然皇城是在明代南京城的最東部，但是這幅圖又不是東西方向。因為皇城往右側，圖上畫出了北市街和南市街，地名寫在街口的牌坊上，中間是一條河，河上有橋，這座橋的上方又有一座橋。

南市樓的名字一直留存到近現代，評事街西面通往泰倉巷的一條小巷叫南市樓，明代的南市樓就在評事街。《永樂大典》卷七千七百一記載：「南市樓在三山街皮作坊西，北市樓在南乾道橋東。」明代南京人陳沂的《金陵世紀》記載皮作坊即評事街名的由來，南市樓就在評事街，又記載：「南市樓，在市內斗門橋東北。北市樓，在乾道橋東北。」萬曆《上元縣志》卷四：「南市，在斗門橋東，舊為歌館酒樓，即宋安遠樓基。北市，有樓，在南乾道橋東南，即宋和熙樓基。」斗門橋之東就是評事街之西，位置符合。北市樓在南乾道橋之東，南乾道橋是紅土橋，這一段運瀆已經完全被填埋，但是留下了紅土橋的地名。〔註 30〕

〔註 29〕劉如仲、苗學孟：《明代南京的市民生活——明人繪〈南都繁會圖〉研析》，《東南文化》2002 年第 7 期。

〔註 30〕王志高：《〈南都繁會圖〉所涉城市空間解析》，《南京史志》2018 年第 1 期。

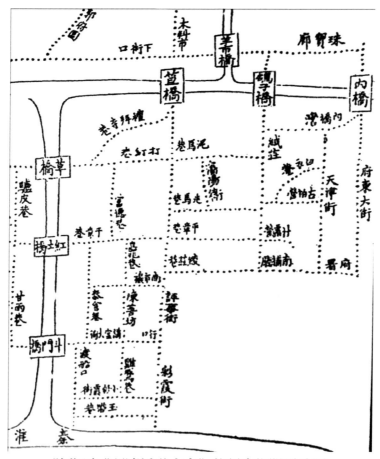

陳作霖《運瀆橋道小志》的評事街附近地圖

　　南市樓的正式地名，今天已經消失，但是這條小巷以前還一直在，最近兩側的房屋已經拆遷，顯得非常荒涼。

　　南市樓在評事街，所以圖上的那座橋是笪橋。圖上這座橋的東南部，是一個很大的絨莊，門口的招牌是：鮮明絨線發客，在現在的絨莊街。店鋪的後面又有一個店鋪是布莊，現在絨莊街的西面還是踹布坊。橋的西北部，畫有一些店鋪招牌是：專染紗巾。在絨線店和大橋之前，還有弓箭的店鋪，今天評事街最南頭的東側還有弓箭坊這個地名。

　　圖上最中心的這座橋上方又有一座橋，很可能是內橋，其北部的路通往一個很大的衙門，門口有兩個很高的旗杆，還有官員站在門口，很可能是皇城的入口。其實皇城是在內橋的東北部，過了橋向北要轉向東部，這幅圖的方向被嚴重扭曲，看似是在內橋的正北方了。

明代《南都繁會圖》錦繡坊附近

　　這座官府的後面是高大的鍾山，皇城應該是在鍾山的前面，但是被這幅圖的作者畫到了圖的最左邊，方位完全錯誤。我認為作者之所以要把皇城挪到這幅圖的最左邊，是要突出表現皇城。如果皇城畫在圖上正確的位置，就會顯得非常小。六朝和南唐的宮城都在鬧市區的北部，在今天南京的市中心。但是朱元璋一反常態，在城外的東北角另見皇城。這顯然是朱元璋認為六朝和南唐的宮城風水不好，而且城內已經找不到太大的空間，所以他另建一座皇城。如此一來，畫家要表現城內最繁華的南北向街道，又想表現城東的皇城，就必須扭曲現實中的道路，所以《南都繁會圖》的方向出現嚴重的錯位。

　　對比宋代的《金陵圖》故意不畫宮城和官府，明代的《南都繁會圖》為了表現皇城，不惜扭曲方位，這正是因為明朝的皇權專制統治比宋代要殘酷太多！朱元璋出身極其卑微，這和宋太祖的高貴出身形成鮮明對比。朱元璋

濫殺不曾謀反的功臣，這和宋太祖杯酒釋兵權形成鮮明對比。宋朝的皇帝有優待士大夫的祖訓，而朱元璋從骨子裏就極端蔑視讀書人，大興文字獄，甚至公開宣稱要篡改《孟子》等流傳了兩千年的經典。朱元璋廢除了實行了一千多年的丞相制度，建立了前所未有的錦衣衛，朱棣又建立了西廠，朱見深又建立了東廠，明朝實行血腥的特務統治，所以宋朝的社會和明朝簡直是天差地別。

明代《南都繁會圖》的中心部分這條河是秦淮河的北支，右側又有一條更大的河流，就是秦淮河的主流，現實中也更寬。但是現實中的這兩條河大體上都是東西流向，可是圖上的這兩條的方向卻是垂直方向，這顯然是因為作者要描繪秦淮河主流兩岸的繁華景象，所以在圖上又改成了左右方向。圖畫最右側的河流出現了汊道，北部的是秦淮河的主流，南部的是聯結南北兩支秦淮河的所謂運瀆故道，這條河流的北部通往圖畫中部的秦淮河北支。但是在這幅圖上，作者為了突出表現評事街的繁華，放大了這兩條河之間的部分，所以完全看不出這兩條河其實能夠交匯。

明代《南都繁會圖》上秦淮河主流和運瀆合流之下的那座橋是下浮橋（在今來鳳街），合流之前的橋首先是上浮橋（在今雙塘路），再往東是新橋（在今集慶路）、鎮淮橋（在今中華路），圖上的那座橋在絨莊街的東南方，按圖上的位置不是在絨莊街西南方的下浮橋，但是如果是東南方的新橋或鎮淮橋，則這幅圖省略了上浮橋。

現實中的評事街南頭就是上浮橋，如果圖上畫出的是上浮橋，則評事街的方向被作者扭曲了。古代上浮橋的北部往東是牛市，現在還有牛市這個地名，其東北部還有牽牛巷，《南都繁會圖》恰好畫出了牛行。圖上還畫出了附近的驢行、雞鴨行，圖上的上浮橋北部往西是豬行、羊行，正是現代上浮橋東北部的洋珠巷的位置，洋珠是雅化，其實是羊和豬。珠寶本來就是奢侈品，不可能有專門賣外洋珠寶的地方，而且不會出現在牲畜市場附近。賣珠寶的地方是珠寶廊，在景定橋的東北部，更靠近城中心和富商大賈居住的地方。

評事街原來是皮市街，原來也是牛馬皮作坊集中的地方，所以現在東側還有泥馬巷、養馬巷，西側是回族集中居住的七家灣。牽牛巷的東南原來是馬行，所以現在還有鞍轡坊小區。

明代《南都繁會圖》的上浮橋附近

　　這幅《南都繁會圖》畫出了運瀆最南部的陡門橋，在今升州路和鼎新路交匯處，運瀆在近代被填埋，陡門橋也已經消失了。按道理，作者既然是要突出描繪最繁華的評事街，沒有必要要扭曲這條街，去留出圖幅表現陡門橋西部的地方，這就說明作者的觀察中心其實是在評事街的南頭，他向東南畫到了新橋，向西南畫出了下浮橋。

　　再往前的那座橋比較高大，橋的東南是木行、船行，畫出了很多木材。還有兩個人撐著木筏經過這座橋，從上游而來。這些木材應該是來自秦淮河的上游，所以這座橋或許是新橋。新橋的東南部，秦淮河北岸，原來有篾街，現在是長樂街。從上浮橋到新橋之間的秦淮河彎曲很大，所以圖上的秦淮河也有很大的彎曲。不過這幅圖的秦淮河似乎又在東部畫出了分汊，現實中的秦淮河在更東的地方才有分汊，或許是作者對城內的秦淮河上游河道的簡略表示。

　　在新橋的東南方，圖上的最遠處，還畫出了一些亭臺樓閣，那些就是在夫子廟的位置。其中有高聳的閣樓很像是江南貢院，這些地方非常出名，但是圖上已經沒有地方再詳細畫出，只能示意性地標出。

本文考證的明代《南都繁會圖》河道和橋樑（黑體字方框）

令人感到驚奇的是，宋代《金陵圖》畫出最繁華商業中心是在錦繡坊，《南都繁會圖》描繪的南京最繁華的地方，也是錦繡坊，兩張圖相隔了四百年，南京城的商業中心沒有改變。宋末元初，南京未遭受戰火的破壞，所以城市格局沒變。雖然明朝初年改變了南京城的總體格局，向東、向北大幅拓寬了城牆，但是原來的市中心在西南部未改變格局。

這說明古代上千年間，南京的商業中心變化不大，直到近代以來因為城北的開發，南京的商業中心才向北轉移到新街口。根本原因是近代鐵路取代了水運成為主要南北方之間的交通工具，津浦線、滬寧線的火車站和下關碼頭帶動了南京城北的開發。

但是《南都繁會圖》畫出的市中心周圍的部分，比宋代《金陵圖》的市中心周圍部分，重心要稍微偏向西南，這反映了明代南京的市中心向西南轉移，更加靠近長江。因為元朝統一了雲南和貴州，明代首次設貴州省，使得整個長江流域的經濟地位比宋代強。雖然明代四川尚未恢復到宋代四川的繁華，人口還不如宋代的四川。但是湖北和湖南都比南宋的兩湖發達，這些都促使明代南京的市中心向長江靠攏。

雖然《南都繁會圖》畫了一千多個人，但是我們看到這幅圖上太多的人是千篇一律，只是表明人多而已，畫得非常簡單，看不到細膩的筆法和各個人物的太多特色，所以這幅圖在人物和建築的繪畫上都不能超過《清明上河圖》和《金陵圖》。但是《南都繁會圖》比起《金陵圖》來，優點是寫出了很多店鋪的招牌，讓我們省去了考證的精力，但是作者可能也正是因為寫出了店鋪的性質，所以根本不花精力去描繪店鋪的內景了。

如果我們只看《南都繁會圖》的優點，也就是店鋪的招牌，就會發現明

代中晚期的南京城內有很多來自遠方的商品。除了「南北果品」、「京式靴鞋店」，還有「福廣海味」是來自福建和廣東的海鮮，「川廣雜貨」指來自四川和兩廣的雜貨。「西北兩口皮貨發客」有來自長城西口和北口的皮貨，這些皮貨來自蒙古草原。「東西兩洋貨物俱全」則有來自東洋和西洋的貨物，地域範圍從日本到歐洲，更為廣闊。

仇英生於弘治十年（1497年），卒於嘉靖三十一年（1552年），而明朝隆慶年間才開放漳州府的月港貿易，允許海船在官府許可的情況下去東西洋貿易，所以這幅《南都繁會圖》的繪畫年代很可能是在萬曆年間。

在南市樓的牌樓附近有兩個招牌，上方寫有：「走海倭子。」下方被屋頂擋去一半，另有一個招牌是：「走海倭子雜寶。」這是賣日本商品的地方，而且種類齊全。日本出產的很多商品精細耐用，很早就受到中國人的喜歡，包括摺扇、倭刀、螺鈿等。因為有廣闊的市場，所以在明朝的禁海令之下，仍然有很多人從事海上的走私貿易，因此才引出了倭寇的風潮。明代的很多官員和文人都記載，倭寇之中很多是中國的走私商人。

明代《南都繁會圖》南市樓附近

明代《南都繁會圖》的笪橋西北部還畫出了很多書鋪，說明附近也有很多書店。這幅《南都繁會圖》的作者很可能是民間畫家，他很可能是為南京的書畫鋪畫了這幅圖來販賣。很可能正是作者是民間畫家，所以要突出城內的繁華，好吸引主顧來購買他的畫，所以《南都繁會圖》和《清明上河圖》、

《金陵圖》這些官方畫院的畫有很大不同，不畫田園風光。這幅圖的繪畫技巧非常普通，甚至可以稱為拙劣，但是其歷史價值重大。

雖然萬曆之後還有天啟和崇禎兩朝，但是這兩朝僅有短暫的 23 年。前人一般認為明朝是亡於萬曆，崇禎年間已經完全不可救藥了，華北大旱，鼠疫流行，李自成攻下半壁江山。清軍能夠入關掃蕩河北、山東，再退回塞外。所以到了天啟和崇禎時期，明朝的滅亡只是時間問題，局勢不是這兩個皇帝所能扭轉。而萬曆長達 48 年，朱翊鈞長期怠政，28 年不上朝。萬曆時在寧夏、朝鮮、播州（今貴州遵義）發動了三場大戰，史稱萬曆三大征，耗費了很多錢財。在各地派出很多礦監稅使，大肆搜刮。萬曆十一年（1583 年），努爾哈赤已經起兵，開始沒有被明朝重視。萬曆四十七年（1619 年），努爾哈赤在薩爾滸之戰中打敗明朝的四路大軍圍剿，已經為清朝的建立奠定了堅實的基礎。所以我們雖然在《南都繁會圖》中看到明代晚期南京的繁華，但是這時明朝已經在走下坡路，江南的繁華並不能阻止明朝的衰亡。

正如顧閎中的《韓熙載夜宴圖》出現在南唐後主李煜的時代，張擇端的《清明上河圖》出現在北宋徽宗的時代，這三幅圖都是出現在朝代滅亡的前夜，人們在聲色犬馬之中不知不覺地滑向了深淵。

所以我們在欣賞歷史上的這些有名畫作時，既要看到其絢麗多彩的一面，也要看到其隱含的嚴重危機。

正所謂：色即是空，空即是色。

後　記

　　這本書說起來是一本十年前就應該寫好的書，因為我在 2005 年南京大學本科四年級時，參加了恩師賀雲翱教授的南京城市建設史的研究項目。我在復旦大學讀博士時，又和賀雲翱老師合作研究南京的歷史文化，我們的合著《文化南京：歷史與趨勢》在 2020 年由江蘇人民出版社正式出版。所以我很早就關注南京的歷史研究，2011 年 9 月我在南京圖書館看到了臺北故宮博物院侯怡利研究員寫楊大章《仿宋院本金陵圖》的文章。當時雖然覺得《金陵圖》也很重要，但是我因為從 2011 年開始把研究重點轉到中外關係史，所以一直沒有花太多的精力關注宋代的《金陵圖》。我一直以為會有很多學者關注《金陵圖》，可是過去了接近十年時間，竟然仍然沒有太多人關注這幅圖。當然了，我在 2011 年時更沒有想到德基美術館會在 2015 年買到馮寧的《金陵圖》摹本。我的《南宋南京人的海外歷險記》，發表在《南京鍾山文化研究》2020 年第 6 期。

　　2019 年，我寫成了我的《水滸傳》研究專著，並把我的主要觀點在雲南大學的會議上發表，我首次提出《水滸傳》的最初作者是南宋監管建康府水門的趙祥。直到 2020 年的 10 月，我在江蘇省濱海縣老家修改我的《水滸傳》研究專著，才想起宋代的《金陵圖》，重新認真看這幅圖時，忽然發現宋代《金陵圖》正好畫出了建康城西水門旁邊的一處瓦子。這和我的觀點頗有契合之處，趙祥很可能就是在水門的瓦子聽到了很多南宋初年抗金義軍的故事，編出了《水滸傳》最早的祖本。

　　2020 年 9 月到 2021 年 1 月，我寓居在南京棲霞區的仙林大學城。因為黃天蕩恰好在棲霞區，所以我在 10 月寫好了黃天蕩之戰的考證一文，這也是

我很早之前就想寫的文章，該文發表在《南京鍾山文化研究》2021 年第 3 期。我又開始認真看《金陵圖》，根據水道和橋樑的位置，考證出了《金陵圖》的地域，又發現了作者住在清化橋南的永寧驛，再根據永寧驛搬到清化橋南的時間和東門外白下橋改為石橋的時間，大致判斷出《金陵圖》的繪畫年代，逐漸寫出了本書考證《金陵圖》的主要內容。

接著我開始考證《南都繁會圖》，這幅圖我原來也有一些印象，因為本科在南京大學歷史系的中國經濟史課上，聽范金民老師講過。但是過了十多年，早已忘記具體內容，而且我從來沒有認真研究過。我又考察鴿子橋、笪橋、評事街、絨莊街、內橋等地，去了可園史志館，看到王志高先生此前研究《南都繁會圖》的文章，回來對我的文章做了一些修改。

從學理上來說，必須比較宋代《金陵圖》和《清明上河圖》，所以我又開始研究《清明上河圖》，發現前人考證《清明上河圖》的地域都錯了，圖上畫的是五丈河而不是汴河，城門是內城的東門望春門而不是開封東南部的城門。我連續多日看前人研究《清明上河圖》的成果，11 月大體上寫成此書。

我最應該感謝恩師賀雲翱先生，如果不是因為參加他的研究項目，我可能不會關注到宋代的《金陵圖》。賀老師在 2005 年就把他的新書《六朝瓦當和六朝都城》送給我，我跟隨他學到了太多的知識。

我的碩士和博士專業雖然是歷史地理學，但是我在初中時還是美術課代表，經常畫黑板報，這本書恰好是歷史地理學（城市史）和美術史的結合。其次也是研究宋代歷史，我對宋代歷史稍有興趣。我在我的《水滸傳》研究一書的末尾，已經提出宋代是古代文學成就的高峰，宋代不僅有詞，宋詩也遠超明詩、清詩。結合這本書來看，宋代也是古代藝術成就的高峰。宋代瓷器的典雅也遠勝明清，宋版書的質量也超過明代和清代，明清文人就形成了所謂的佞宋之風。我的這本小書探索《金陵圖》，也在走進宋代文化。

歷史上的這些名畫其實都有生命，畫作上留下了芸芸眾生的鮮活形象，畫筆中飽含作家的心血汗水，在歷代流傳過程中又接觸了太多的人。更為關鍵的是，歷經千年的動盪，這些名畫不僅能有幸傳世，還能被現代的博物館和美術館收藏，讓億萬人欣賞。每一個人看到這些名畫都能產生自己獨特的理解，都在和畫作產生新的共鳴和對話，所以這些畫作有自己的生命。

畫上的生命、畫家的生命、藏家的生命、觀看者的生命，匯聚為這幅畫的生命。一幅畫有了靈性，才能傳承千古。觀看者如果胸中有丘壑，他所看

到的圖畫就不是紙張和顏色的集合，而是會說話、會跳躍的靈物了。作畫、藏畫、看畫，是在和大自然對話，和古今人物對話，和自己的思想對話。

雖然我們現在還不能確定這幅畫的作者，我在書中也不過是一些推測，但是這幅畫能夠流傳千古，就是畫家的生命在流傳，所以這幅畫的作者是誰其實也不是最重要的問題。他的畫能夠流傳千古，比他的名字重要很多。即便我們不知道作者的名字，也不妨礙我們和這幅畫去對話。

我的這本小書雖然考證了很多內容，可是這也不過是代表我個人的一點思考。這幅千古名畫會引起世人的種種奇思妙想，產生很多熱烈討論，我這本小書不過是拋磚引玉。也許我們不可能復原出所有歷史真相，也許始終會有一些謎團難以全部破解，不過這也不妨礙我們去思考，去探索，去爭論。學術觀點很有意義，討論本身也有意義。也許你不會產生多少深刻的結論，就像畫上的人物在過日常的生活。既然平凡的景象也能產生千古流傳的珍品，那麼我們以平常心去看畫，就是一種享受。

2020 年 12 月 16 日仙林初稿
2021 年 9 月 28 日濱海修改